APRENDA WEBASSEMBLY

Dos Fundamentos às Aplicações Práticas

Edição 2025

Diego Rodrigues

APRENDA WebAssembly
Dos Fundamentos às Aplicações Práticas

Edição 2025
Autor: Diego Rodrigues

Publicado por Diego Rodrigues.

Nota Importante

Os códigos e scripts apresentados neste livro têm como objetivo ilustrar os conceitos discutidos nos capítulos, servindo como exemplos práticos. Esses exemplos foram desenvolvidos em ambientes personalizados e controlados, e portanto, não há garantia de que funcionarão plenamente em todos os cenários. É essencial verificar as configurações e personalizações do ambiente onde serão aplicados para assegurar seu funcionamento adequado. Agradecemos pela compreensão.

ÍNDICE

SAUDAÇÕES!

Olá, caro leitor!

É com imenso prazer que dou as boas-vindas a você, que decidiu embarcar nesta jornada fascinante pelo universo do WebAssembly, uma das tecnologias mais revolucionárias e impactantes no cenário atual de desenvolvimento. Sua escolha de explorar este tema demonstra um compromisso admirável com o avanço de suas habilidades técnicas e o desejo de dominar uma ferramenta que está redefinindo os limites da web e da computação.

O WebAssembly é muito mais do que um formato binário executado no navegador. Ele é a ponte entre o desempenho nativo e a flexibilidade da web, sendo amplamente utilizado em aplicações que vão desde renderização gráfica avançada até inteligência artificial e computação em dispositivos móveis. Com o WebAssembly, você não apenas escreve código eficiente; você transforma possibilidades em realidade, expandindo as fronteiras do que pode ser alcançado no desenvolvimento de software moderno.

Neste livro, você encontrará uma jornada clara e progressiva que vai desde os fundamentos mais essenciais até as aplicações práticas e avançadas em projetos reais e desafiadores. Nossa abordagem combina explicações teóricas sólidas e exemplos práticos dinâmicos, garantindo que você compreenda os conceitos fundamentais do WebAssembly e adquira a confiança necessária para aplicá-los em cenários do mundo real.

Não importa se você é um iniciante curioso, um desenvolvedor buscando expandir suas competências ou um profissional experiente explorando novos horizontes. Este livro foi cuidadosamente projetado para atender a todos os níveis de experiência. Cada capítulo foi elaborado com atenção aos detalhes, proporcionando um aprendizado envolvente e impactante, enquanto você descobre como implementar soluções escaláveis, seguras e de alto desempenho.

Vivemos em uma era onde a web se tornou a plataforma universal de inovação, e o domínio do WebAssembly é uma habilidade indispensável para qualquer profissional que deseja prosperar neste cenário. Seja na criação de aplicações empresariais, jogos de última geração ou na integração de linguagens de programação com o navegador, o WebAssembly está transformando indústrias e conectando desenvolvedores a possibilidades antes inimagináveis.

Este livro foi concebido para ser mais do que um guia técnico; ele é um recurso essencial que preenche lacunas editoriais, oferece conhecimento atualizado e fortalece sua base como profissional em um mercado que não para de evoluir. A cada página, você encontrará desafios instigantes, explicações claras e exemplos práticos que tornam o aprendizado acessível, inspirador e aplicável.

Prepare-se para mergulhar em uma experiência didática única, onde você aprenderá a projetar, compilar e implementar soluções com WebAssembly de forma precisa e criativa. Juntos, exploraremos as infinitas possibilidades que esta tecnologia oferece, equipando você com as ferramentas necessárias para se destacar em sua carreira ou projetos pessoais.

Então, está pronto para transformar a forma como desenvolve aplicações e dominar uma das tecnologias mais impactantes da atualidade? Vamos começar!

SOBRE O AUTOR

www.linkedin.com/in/diegoexpertai

Autor Best-Seller, Diego Rodrigues é Consultor e Escritor Internacional especializado em Inteligência de Mercado, Tecnologia e Inovação. Com 42 certificações internacionais de instituições como IBM, Google, Microsoft, AWS, Cisco, e Universidade de Boston, Ec-Council, Palo Alto e META.

Rodrigues é expert em Inteligência Artificial, Machine Learning, Ciência de Dados, Big Data, Blockchain, Tecnologias de Conectividade, Ethical Hacking e Threat Intelligence.

Desde 2003, Rodrigues já desenvolveu mais de 200 projetos para marcas importantes no Brasil, EUA e México. Em 2024, ele se consolida como um dos maiores autores de livros técnicos do mundo da nova geração, com mais de 180 títulos publicados em seis idiomas.

APRESENTAÇÃO DO LIVRO

Bem-vindo ao **APRENDA WebAssembly: Dos Fundamentos às Aplicações Práticas!**

Estamos muito entusiasmados por ter você conosco nesta jornada. Se você está lendo esta introdução, provavelmente já sabe que o WebAssembly é uma tecnologia que está revolucionando o mundo do desenvolvimento web e de software. Este livro foi concebido para ser um guia abrangente, oferecendo uma jornada clara desde os conceitos fundamentais até as aplicações práticas mais avançadas.

O WebAssembly não é apenas mais uma ferramenta tecnológica; é um divisor de águas. Ele oferece a desenvolvedores a capacidade de criar aplicações de alto desempenho, com eficiência quase nativa, diretamente no navegador. Mas o potencial do WebAssembly vai além: sua utilização está se expandindo para dispositivos móveis, servidores e até aplicações em inteligência artificial. Este guia foi cuidadosamente estruturado para capacitar você a dominar essa tecnologia e utilizá-la em contextos reais, ajudando a transformar suas ideias em soluções inovadoras.

Combinamos teoria bem fundamentada com exemplos práticos claros, criando um recurso indispensável para desenvolvedores iniciantes e experientes. Cada capítulo deste livro foi desenhado com atenção aos detalhes, garantindo que você não apenas compreenda o conteúdo, mas também saiba aplicá-lo.

Estrutura do Livro

Nos próximos capítulos, exploraremos o WebAssembly em profundidade, dividindo o aprendizado em etapas claras e progressivas. Aqui está um apanhado geral do que você encontrará:

Capítulo 1. Introdução ao WebAssembly

Este capítulo apresenta a base da tecnologia. Vamos explorar sua história, a motivação por trás de seu desenvolvimento e como ele se diferencia de outras tecnologias web. Você entenderá por que o WebAssembly é considerado um dos avanços mais significativos da última década.

Dominar este capítulo permitirá que você compreenda a relevância estratégica do WebAssembly no desenvolvimento moderno.

Capítulo 2. Como o WebAssembly Funciona

Aqui, mergulhamos na arquitetura do WebAssembly, explicando como ele interage com o navegador e com outros ambientes. Vamos explorar o ciclo de vida de um módulo WebAssembly, desde a sua criação até a execução.

Ao entender como ele funciona, você estará pronto para começar a desenvolver com confiança.

Capítulo 3. Instalação e Configuração do Ambiente

Para começar a programar, é essencial ter o ambiente correto configurado. Neste capítulo, você aprenderá a configurar as ferramentas necessárias, seja no Windows, macOS ou Linux.

Com um ambiente bem preparado, seu processo de aprendizado será mais fluido e eficiente.

Capítulo 4. Primeiros Passos com WebAssembly

Nada melhor do que começar na prática. Este capítulo traz o clássico "Hello, World!" e explora a estrutura básica de um arquivo .wasm.

Você terá a satisfação de ver seu primeiro módulo WebAssembly funcionando, um marco para qualquer desenvolvedor.

Capítulo 5. Tipos e Estruturas de Dados no WebAssembly

Aqui, exploramos os tipos primitivos suportados pelo WebAssembly e como gerenciar dados complexos.

Este conhecimento é essencial para criar aplicações robustas e bem estruturadas.

Capítulo 6. Interação entre WebAssembly e JavaScript

Uma das grandes vantagens do WebAssembly é sua interação perfeita com JavaScript. Neste capítulo, você aprenderá a importar e exportar funções, garantindo uma comunicação eficiente entre os dois ambientes.

Aprender a integrar o WebAssembly ao JavaScript ampliará significativamente suas possibilidades de desenvolvimento.

Capítulo 7. Gerenciamento de Memória

A eficiência do WebAssembly depende de um bom gerenciamento de memória. Vamos explorar como alocar e manipular memória de forma otimizada.

Este capítulo oferece insights cruciais para criar aplicações rápidas e confiáveis.

Capítulo 8. Compilação de C/C++ para WebAssembly

Usando ferramentas como o Emscripten, você aprenderá a compilar códigos escritos em C e C++ para WebAssembly, aproveitando bibliotecas e códigos existentes.

Este capítulo conecta o WebAssembly ao vasto universo de linguagens compiladas, aumentando seu repertório.

Capítulo 9. Uso de WebAssembly com Outras Linguagens

Além de C e C++, o WebAssembly pode ser usado com Rust, Go e outras linguagens. Aqui, você verá exemplos práticos dessa integração.

Diversificar as linguagens utilizadas com WebAssembly abrirá novas oportunidades para você.

Capítulo 10. Desempenho e Benchmarking

Compare o desempenho do WebAssembly com o JavaScript e aprenda a monitorar e analisar suas aplicações para otimizar resultados.

Saber medir e melhorar o desempenho é uma habilidade essencial para desenvolvedores.

Capítulo 11. Desenvolvimento de Aplicações Web

Vamos explorar como integrar o WebAssembly em projetos web reais, utilizando frameworks e bibliotecas populares.

Este capítulo conecta o WebAssembly ao desenvolvimento web prático e relevante.

Capítulo 12. Trabalhando com WebAssembly para Aplicativos Móveis

O WebAssembly vai além da web. Aqui, você aprenderá como usá-lo no desenvolvimento cross-platform para dispositivos móveis.

Expandir o uso do WebAssembly para o mobile aumenta sua versatilidade como desenvolvedor.

Capítulo 13. WebAssembly em Ambientes Server-Side

Explore como usar o WebAssembly em servidores, aproveitando o Node.js e outros ambientes.

Compreender o uso do WebAssembly no backend torna você um desenvolvedor completo.

Capítulo 14. WebAssembly e Computação Paralela

Descubra como usar threads e processamento paralelo para criar aplicações de alto desempenho.

Este capítulo é essencial para quem busca maximizar o poder computacional do WebAssembly.

Capítulo 15. Segurança no WebAssembly

Entenda as proteções nativas e como evitar vulnerabilidades comuns.

Desenvolver com segurança é indispensável no mundo atual.

Capítulo 16. Depuração e Testes

Aprenda a identificar e corrigir problemas usando ferramentas de depuração e estratégias de teste.

Garantir a qualidade do código é uma habilidade que diferencia os profissionais.

Capítulo 17. Frameworks Populares com Suporte a WebAssembly

Explore frameworks como Blazor e Wasmtime, que ampliam as possibilidades do WebAssembly.

Usar frameworks consolida seu aprendizado e acelera o desenvolvimento.

Capítulo 18. Integração com Tecnologias Emergentes

Veja como o WebAssembly pode ser usado em inteligência

artificial e outras áreas emergentes.

Este capítulo abre sua visão para o futuro da tecnologia.

Capítulo 19. WebAssembly no Contexto Empresarial

Explore exemplos reais de empresas que estão aproveitando o WebAssembly para criar soluções inovadoras.

Este conhecimento pode ser um diferencial em sua carreira.

Capítulo 20. O Futuro do WebAssembly

Entenda as tendências emergentes e como se preparar para elas.

Manter-se atualizado é crucial no cenário tecnológico.

Capítulo 21. Projetos Reais: Estudos de Caso

Aplique o que aprendeu em projetos completos, guiados passo a passo.

Consolidar o aprendizado por meio da prática é o objetivo deste capítulo.

Capítulo 22. Ferramentas Avançadas para Desenvolvimento

Explore ferramentas que irão otimizar seu trabalho com WebAssembly.

Maximizar sua produtividade é essencial para projetos complexos.

Capítulo 23. Comunidade e Recursos de WebAssembly

Saiba como se envolver com a comunidade WebAssembly e continuar aprendendo.

O aprendizado contínuo é a chave para o sucesso.

Capítulo 24. Práticas Recomendadas para Profissionais

Dicas e estratégias para criar aplicações escaláveis e robustas.

Este capítulo ajuda a consolidar sua base como desenvolvedor profissional.

Capítulo 25. Conclusão: A Jornada com WebAssembly

Um resumo inspirador das lições aprendidas e reflexões sobre o impacto do WebAssembly no futuro.

Encerrar sua jornada com uma visão clara e motivadora.

Agora que você tem uma visão geral do que este livro oferece, convidamos você a se aprofundar no aprendizado e dominar o WebAssembly, uma tecnologia que está moldando o futuro. Estamos confiantes de que, ao final desta jornada, você estará pronto para criar soluções inovadoras e impactar o mundo do desenvolvimento. *Vamos começar!*

CAPÍTULO 1. INTRODUÇÃO AO WEBASSEMBLY

WebAssembly, muitas vezes abreviado como Wasm, é uma tecnologia que trouxe uma revolução ao desenvolvimento de software, oferecendo um ambiente de execução eficiente, seguro e multiplataforma. Foi criado para preencher lacunas de desempenho da web e ampliar as possibilidades de uso da internet como uma plataforma universal. Entender sua história e os motivos de sua criação é essencial para compreender seu impacto e como ele se posiciona em relação a outras tecnologias.

A web começou como um espaço simples, focado em texto e imagens estáticas, mas rapidamente evoluiu para suportar aplicações interativas e robustas. Durante anos, JavaScript foi a única linguagem nativa dos navegadores, proporcionando dinamismo às páginas. No entanto, por mais poderoso que fosse, JavaScript tinha limitações inerentes à sua natureza interpretada. Para aplicações que exigiam desempenho quase nativo, como jogos, simulações científicas ou editores gráficos avançados, JavaScript muitas vezes se mostrava insuficiente.

O WebAssembly foi idealizado para superar essas limitações. Sua origem remonta a uma série de tentativas de trazer maior desempenho para a web, como o asm.js, uma sublinguagem de JavaScript otimizada. Embora o asm.js tenha demonstrado o potencial de execução de código próximo ao nativo nos navegadores, ele ainda era limitado pelas características do JavaScript. Assim, surgiu a necessidade de uma nova abordagem, que culminou na criação do WebAssembly.

Lançado oficialmente em 2017, o WebAssembly foi

desenvolvido como uma tecnologia aberta, projetada para funcionar em todos os navegadores modernos. Ele foi construído como um formato de código binário que pode ser executado em uma máquina virtual baseada no navegador. Esse design garante não apenas desempenho otimizado, mas também compatibilidade com várias plataformas, o que é essencial em um mundo onde a diversidade de dispositivos cresce exponencialmente.

WebAssembly é baseado em um modelo de pilha de execução que é eficiente e seguro. Seu design modular permite que ele interaja facilmente com JavaScript, proporcionando aos desenvolvedores o melhor dos dois mundos: a flexibilidade do JavaScript e o desempenho do WebAssembly. Por exemplo, tarefas computacionalmente intensivas podem ser delegadas ao WebAssembly, enquanto o JavaScript lida com a manipulação de interfaces de usuário e outras funcionalidades de alto nível.

Uma das grandes vantagens do WebAssembly é que ele não está limitado a nenhuma linguagem de programação específica. Ele suporta várias linguagens, incluindo C, C++, Rust, Go e Python, permitindo que os desenvolvedores escolham a ferramenta que melhor se adapta às suas necessidades. Ao compilar código dessas linguagens para WebAssembly, é possível executar o mesmo em navegadores com desempenho comparável ao de uma aplicação nativa. Por exemplo, um desenvolvedor pode compilar um editor gráfico escrito em C++ para WebAssembly e oferecê-lo como uma aplicação web interativa.

Um dos aspectos mais importantes do WebAssembly é sua segurança. O código em WebAssembly é executado em um ambiente isolado, conhecido como sandbox. Isso significa que ele não tem acesso direto ao sistema de arquivos ou outros recursos críticos do dispositivo, a menos que explicitamente permitido. Essa abordagem garante que mesmo código potencialmente malicioso seja incapaz de causar danos significativos ao sistema.

Além disso, o WebAssembly é eficiente em termos de tamanho e tempo de carregamento. Por ser representado em um formato binário compacto, ele ocupa menos espaço em comparação com arquivos JavaScript equivalentes. Esse tamanho reduzido resulta em tempos de download mais rápidos, especialmente em redes de baixa largura de banda. Assim que o código é carregado, ele pode ser executado quase imediatamente, graças ao seu design de pré-compilação.

Uma área onde o WebAssembly tem demonstrado grande impacto é o desenvolvimento de jogos na web. Tradicionalmente, jogos avançados dependiam de aplicativos nativos para entregar a experiência desejada. Com o WebAssembly, é possível executar motores de jogos completos, como Unity e Unreal Engine, diretamente no navegador, sem comprometer a qualidade gráfica ou a jogabilidade. Isso elimina a necessidade de downloads e instalações, permitindo que os usuários acessem jogos de alta qualidade com apenas um clique.

Outro campo onde o WebAssembly se destaca é o processamento de dados. Com sua capacidade de realizar cálculos complexos rapidamente, ele é ideal para tarefas como análise de grandes conjuntos de dados ou processamento de vídeo em tempo real. Por exemplo, uma aplicação de edição de vídeo online pode usar WebAssembly para processar efeitos visuais diretamente no navegador, eliminando a necessidade de transferir grandes quantidades de dados para servidores remotos.

No contexto empresarial, o WebAssembly está se tornando cada vez mais relevante. Organizações que dependem de softwares complexos e de alto desempenho, como sistemas de modelagem financeira ou ferramentas de design assistido por computador (CAD), estão aproveitando o WebAssembly para oferecer versões baseadas na web de suas soluções. Isso não apenas reduz custos de distribuição, mas também melhora a acessibilidade, permitindo que os usuários acessem essas ferramentas de qualquer dispositivo com um navegador moderno.

Comparado a outras tecnologias, como JavaScript e WebGL, o WebAssembly oferece vantagens distintas. Enquanto o JavaScript é amplamente utilizado e indispensável para a web, ele não foi projetado para cargas de trabalho de alto desempenho. Já o WebGL, embora poderoso para gráficos 3D, é limitado ao domínio visual e não abrange outras áreas computacionais. O WebAssembly preenche essa lacuna, oferecendo uma solução versátil que pode ser usada em uma ampla gama de aplicações.

No entanto, o WebAssembly não deve ser visto como um substituto para JavaScript ou outras tecnologias existentes. Em vez disso, ele funciona como um complemento poderoso. Ao combinar JavaScript e WebAssembly, os desenvolvedores podem criar aplicações que são tanto eficientes quanto interativas. Por exemplo, uma aplicação de aprendizado de máquina baseada na web pode usar WebAssembly para executar os cálculos do modelo, enquanto o JavaScript gerencia a interface do usuário e a visualização dos resultados.

O impacto do WebAssembly não se limita aos navegadores. Ele também está sendo utilizado em ambientes de servidor, graças a projetos como Wasmtime e Node.js. Isso permite que o WebAssembly seja executado em servidores, oferecendo o mesmo desempenho e segurança que no cliente. Como resultado, o WebAssembly está se tornando uma tecnologia de uso geral, adequada para aplicações que vão além da web tradicional.

Uma aplicação prática do WebAssembly pode ser observada no campo da inteligência artificial. Imagine um desenvolvedor criando um modelo de reconhecimento facial que precisa ser integrado a uma aplicação web. Ao compilar o modelo para WebAssembly, ele pode ser executado diretamente no navegador, eliminando a necessidade de enviar imagens para um servidor para processamento. Isso não apenas melhora a privacidade do usuário, mas também reduz a latência e os custos de operação.

Segue um código simples em WebAssembly, compilado a partir de C, que demonstra como calcular o fatorial de um número:

c

```c
// Código em C
int factorial(int n) {
    if (n <= 1) return 1;
    return n * factorial(n - 1);
}
```

Compilado para WebAssembly, esse código pode ser chamado a partir de JavaScript para realizar cálculos diretamente no navegador. Isso mostra como o WebAssembly pode ser usado para complementar funcionalidades existentes de forma eficiente.

O WebAssembly também desempenha um papel importante na inclusão digital. Ao permitir que aplicações complexas sejam executadas em dispositivos de baixa capacidade, ele amplia o acesso a ferramentas de software para populações que, de outra forma, estariam excluídas. Isso é particularmente relevante em regiões onde o acesso a dispositivos modernos ainda é limitado.

A contínua evolução do WebAssembly está abrindo novas possibilidades. Sua interoperabilidade com linguagens como Rust e Go está permitindo o desenvolvimento de bibliotecas e frameworks que simplificam ainda mais sua adoção. Além disso, iniciativas para expandir suas capacidades, como threads, suporte a sistemas de arquivos virtuais e integração com tecnologias emergentes, estão tornando o WebAssembly ainda mais robusto.

Dominar o WebAssembly significa estar à frente em um cenário tecnológico em rápida transformação. Seja para criar jogos, construir ferramentas empresariais ou explorar novas fronteiras da computação, o WebAssembly oferece o desempenho e a flexibilidade necessários para atender às demandas de um mundo conectado. Este é o momento ideal para aprender essa tecnologia e explorar seu vasto potencial.

CAPÍTULO 2. COMO O WEBASSEMBLY FUNCIONA

O WebAssembly (Wasm) é uma tecnologia projetada para ser eficiente, segura e interoperável. Ele oferece uma solução para executar código binário de alto desempenho diretamente nos navegadores, além de ser expansível para outros ambientes, como servidores e dispositivos móveis. Compreender sua arquitetura e os conceitos básicos é essencial para aproveitar ao máximo o que essa tecnologia tem a oferecer. A maneira como um módulo WebAssembly é criado, carregado e executado define seu ciclo de vida e revela sua flexibilidade em diferentes cenários de desenvolvimento.

A arquitetura do WebAssembly baseia-se em três elementos principais: o formato binário, o modelo de execução em pilha e o ambiente de execução isolado. Esses componentes foram projetados para trabalhar juntos de forma eficiente, garantindo desempenho elevado e compatibilidade com múltiplas plataformas.

O formato binário do WebAssembly é compacto e otimizado para transmissão rápida. Ele é gerado a partir de linguagens de alto nível, como C, C++ ou Rust, utilizando compiladores específicos que convertem o código em arquivos com a extensão .wasm. Esse formato é independente de hardware e sistemas operacionais, o que permite que os mesmos módulos sejam executados em diferentes dispositivos e navegadores sem alterações.

O modelo de execução em pilha do WebAssembly organiza operações e cálculos de maneira sequencial e eficiente. Cada instrução empilha resultados intermediários que são usados em operações subsequentes. Isso simplifica a execução de código e garante que cada operação seja realizada de maneira independente e previsível, o que é fundamental para garantir segurança e isolamento entre os módulos.

O ambiente de execução isolado, conhecido como sandbox, garante que o código WebAssembly seja executado sem acesso direto aos recursos do sistema, como memória, rede ou armazenamento. A interação com esses recursos só ocorre por meio de APIs controladas pelo navegador ou ambiente de execução. Esse isolamento é uma das razões pelas quais o WebAssembly é considerado seguro e confiável.

Um módulo WebAssembly começa sua jornada como código fonte em uma linguagem como C++. O código é compilado usando ferramentas como Emscripten ou Rustc, que geram o arquivo .wasm. Esse arquivo contém o código binário que será carregado e executado no navegador ou em outro ambiente compatível. O carregamento de um módulo WebAssembly geralmente é feito utilizando JavaScript, que atua como ponte para inicializar e interagir com o módulo.

O carregamento de um módulo no navegador é realizado através da API WebAssembly, que está disponível em todos os navegadores modernos. O método mais comum envolve o uso da função WebAssembly.instantiate para carregar e compilar o módulo. Veja um exemplo:

javascript

```javascript
const importObject = {
  env: {
    log: (arg) => console.log(arg)
  }
};

fetch('module.wasm')
```

```
.then(response => response.arrayBuffer())
.then(bytes => WebAssembly.instantiate(bytes,
importObject))
.then(result => {
  result.instance.exports.main();
});
```

O código acima demonstra como um módulo WebAssembly pode ser carregado e executado em um navegador. O método fetch obtém o arquivo binário, enquanto WebAssembly.instantiate compila e instância o módulo. Um objeto de importação é fornecido para passar funções ou variáveis do JavaScript para o WebAssembly. Nesse caso, uma função de log é disponibilizada para o módulo WebAssembly.

Dentro de um módulo WebAssembly, as funções são definidas com base em instruções binárias que são traduzidas em operações de baixo nível. Por exemplo, uma função para somar dois números pode ser implementada da seguinte forma em WebAssembly Text Format (WAT), uma representação textual do WebAssembly:

wat

```
(module
  (func $add (param $a i32) (param $b i32) (result i32)
    local.get $a
    local.get $b
    i32.add
  )
  (export "add" (func $add))
)
```

Essa função é compilada para binário e pode ser chamada a partir de JavaScript:

javascript

```javascript
const { instance } = await
WebAssembly.instantiateStreaming(fetch('module.wasm'));
console.log(instance.exports.add(10, 20)); // Output: 30
```

O ciclo de vida de um módulo WebAssembly envolve várias etapas. Primeiramente, o módulo é escrito em uma linguagem de alto nível e compilado para o formato .wasm. Em seguida, ele é carregado no ambiente de execução, onde pode ser instanciado e suas funções podem ser chamadas. Após a execução, os recursos associados ao módulo podem ser liberados, dependendo da implementação do ambiente.

A interação entre o WebAssembly e o JavaScript ocorre através de imports e exports. Funções definidas em WebAssembly podem ser exportadas para serem chamadas em JavaScript, e funções JavaScript podem ser importadas para serem usadas no WebAssembly. Essa interoperabilidade permite a construção de aplicações híbridas onde tarefas intensivas em desempenho são delegadas ao WebAssembly, enquanto o JavaScript gerencia a interface do usuário e outras funcionalidades.

O WebAssembly também inclui um sistema de memória que permite alocar, acessar e manipular dados de forma eficiente. A memória é linear e pode ser compartilhada entre WebAssembly e JavaScript, o que facilita a troca de informações. Por exemplo, um array de números inteiros pode ser manipulado diretamente no WebAssembly e lido no JavaScript:

javascript

```javascript
const memory = new WebAssembly.Memory({ initial: 1 });

const importObject = {
  env: {
    memory
  }
};
```

```
const { instance } = await
WebAssembly.instantiateStreaming(fetch('module.wasm'),
importObject);
const array = new Uint32Array(memory.buffer);
array[0] = 42;
console.log(array[0]); // Output: 42
```

Além de sua arquitetura básica, o WebAssembly é projetado para ser extensível. Funcionalidades adicionais, como threads para processamento paralelo e suporte a sistemas de arquivos virtuais, estão em desenvolvimento ou já foram implementadas. Essa evolução contínua garante que o WebAssembly permaneça relevante em um cenário tecnológico em constante mudança.

O WebAssembly também está sendo usado fora dos navegadores, graças a ambientes como Wasmtime e Wasmer. Esses runtimes permitem que o WebAssembly seja executado em servidores e dispositivos IoT, aproveitando seu desempenho e segurança. Em ambientes de servidor, o WebAssembly oferece a vantagem de ser portável e de rápida inicialização, tornando-o ideal para microsserviços e computação em nuvem.

Compreender como o WebAssembly funciona abre um mundo de possibilidades. Sua arquitetura modular, desempenho elevado e segurança o tornam uma escolha ideal para uma ampla gama de aplicações, desde jogos e simulações até ferramentas empresariais e processamento de dados em larga escala. Sua integração com JavaScript e outros ambientes expande ainda mais seu potencial, permitindo a criação de soluções inovadoras que atendem às demandas de um mundo cada vez mais conectado.

CAPÍTULO 3. INSTALAÇÃO E CONFIGURAÇÃO DO AMBIENTE

Programar com WebAssembly requer a configuração de um ambiente eficiente que permita escrever, compilar e executar módulos de maneira fluida. A preparação adequada do ambiente de desenvolvimento é essencial para tirar proveito máximo do potencial dessa tecnologia. As ferramentas certas, aliadas a uma configuração bem estruturada, garantem produtividade e eliminam obstáculos que poderiam comprometer o fluxo de trabalho.

Ferramentas Essenciais

Para começar a programar com WebAssembly, são necessárias ferramentas que ofereçam suporte à compilação, execução e depuração de módulos. As mais utilizadas incluem:

- **Compiladores**: Ferramentas como Emscripten, Rustc e AssemblyScript são utilizadas para transformar o código escrito em linguagens de alto nível, como C++, Rust ou TypeScript, no formato binário .wasm.
- **Ambientes de Execução**: Browsers modernos, como Chrome, Firefox, Edge e Safari, possuem suporte nativo para WebAssembly, mas para testes locais ou execução em servidores, ferramentas como Node.js e Wasmtime são essenciais.
- **Editores de Código**: Visual Studio Code (VS Code) é uma escolha popular por oferecer extensões específicas para

WebAssembly, como suporte a WAT (WebAssembly Text Format) e integração com compiladores.

- **Gerenciadores de Pacotes**: Ferramentas como npm ou cargo são úteis para instalar bibliotecas e dependências necessárias ao projeto.
- **Debuggers**: Navegadores modernos têm depuradores integrados para WebAssembly, enquanto ferramentas como wasm-pack adicionam funcionalidades adicionais para desenvolvimento com Rust.

Configuração Inicial no Windows

No Windows, a configuração de um ambiente para WebAssembly requer a instalação de algumas ferramentas básicas.

Instalando o Emscripten

Emscripten é um compilador amplamente utilizado para transformar código C e C++ em WebAssembly.

1. Acesse o site oficial do Emscripten e baixe o SDK.
2. Extraia o arquivo baixado em um diretório de sua preferência.
3. Adicione o caminho do SDK ao sistema para que ele seja reconhecido em qualquer terminal. No PowerShell, execute:

powershell

```
Set-ExecutionPolicy RemoteSigned -Scope CurrentUser
$env:Path += ";C:\caminho\para\emsdk"
```

4. Ative o ambiente do Emscripten e atualize as

ferramentas:

powershell

emsdk install latest
emsdk activate latest

5. Verifique a instalação executando o comando abaixo, que retornará a versão instalada:

powershell

emcc --version

Configurando o Visual Studio Code

1. Baixe e instale o VS Code a partir do site oficial.
2. Instale as extensões "C/C++" e "WebAssembly" para facilitar o desenvolvimento e a depuração.
3. Configure o terminal integrado para usar o PowerShell ou o cmd com o ambiente do Emscripten ativado.

Executando um Primeiro Programa

Após configurar as ferramentas, é possível criar e compilar um programa simples para verificar a instalação.

c

```c
#include <stdio.h>

int main() {
    printf("Hello, WebAssembly!\n");
    return 0;
}
```

Compile o código para WebAssembly com o comando:

powershell

emcc hello.c -o hello.html

Isso gera um arquivo HTML que pode ser aberto no navegador para exibir a saída no console.

Configuração Inicial no macOS

O macOS oferece um ambiente robusto para o desenvolvimento com WebAssembly.

Instalando o Homebrew

Homebrew é um gerenciador de pacotes que simplifica a instalação de ferramentas.

1. Abra o Terminal e instale o Homebrew com o comando:

bash

/bin/bash -c "$(curl -fsSL https://raw.githubusercontent.com/Homebrew/install/HEAD/install.sh)"

2. Após a instalação, adicione o Homebrew ao PATH:

bash

echo 'eval "$(/opt/homebrew/bin/brew shellenv)"' >> ~/.zprofile
eval "$(/opt/homebrew/bin/brew shellenv)"

Instalando o Emscripten

1. Use o Homebrew para instalar o Emscripten:

bash

```
brew install emscripten
```

2. Verifique se a instalação foi concluída com sucesso:

bash

```
emcc --version
```

Configurando o Editor

1. Instale o Visual Studio Code para macOS.
2. Adicione extensões específicas para WebAssembly e linguagens de sua preferência.
3. Configure o terminal integrado para usar o shell padrão do macOS, como zsh ou bash.

Compilando e Executando

Crie um arquivo chamado factorial.c com o seguinte código:

c

```c
int factorial(int n) {
    if (n <= 1) return 1;
    return n * factorial(n - 1);
}
```

Compile o código para WebAssembly:

bash

emcc factorial.c -o factorial.html

Abra o arquivo HTML em um navegador e utilize o console para verificar o resultado.

Configuração Inicial no Linux

O Linux é uma plataforma versátil para o desenvolvimento com WebAssembly, oferecendo suporte nativo para diversas ferramentas.

Atualizando o Sistema

Antes de instalar as ferramentas, é importante garantir que o sistema esteja atualizado:

bash

sudo apt update && sudo apt upgrade

Instalando o Emscripten

1. Clone o repositório do Emscripten SDK:

bash

git clone https://github.com/emscripten-core/emsdk.git
cd emsdk

2. Instale e ative a versão mais recente do SDK:

bash

```
./emsdk install latest
./emsdk activate latest
source ./emsdk_env.sh
```

3. Confirme a instalação verificando a versão do compilador:

bash

```
emcc --version
```

Instalando um Editor de Código

O Visual Studio Code pode ser instalado facilmente no Linux.

1. Baixe o pacote .deb ou .rpm correspondente à sua distribuição no site oficial.
2. Instale o pacote utilizando o gerenciador de pacotes de sua distribuição. Por exemplo, no Ubuntu:

bash

```
sudo apt install ./code.deb
```

3. Adicione as extensões para WebAssembly e linguagens desejadas.

Compilação e Execução

Crie um arquivo chamado sum.c com o seguinte conteúdo:

c

```
int sum(int a, int b) {
    return a + b;
}
```

Compile o código para WebAssembly:

bash

```
emcc sum.c -o sum.html
```

Abra o arquivo HTML em um navegador e verifique o funcionamento da aplicação.

Alternativas de Configuração

Além do Emscripten, outras ferramentas podem ser utilizadas para compilar e executar código WebAssembly.

Rust

Rust é uma linguagem moderna que tem suporte robusto para WebAssembly.

1. Instale o Rust utilizando o comando:

bash

```
curl --proto '=https' --tlsv1.2 -sSf https://sh.rustup.rs | sh
```

2. Adicione o suporte ao WebAssembly:

bash

```
rustup target add wasm32-unknown-unknown
```

3. Compile um programa simples:

rust

```rust
// arquivo: main.rs
#[no_mangle]
pub fn add(a: i32, b: i32) -> i32 {
    a + b
}
```

Compile o programa:

bash

```bash
cargo build --target wasm32-unknown-unknown --release
```

AssemblyScript

AssemblyScript é uma linguagem baseada em TypeScript, projetada para facilitar a criação de módulos WebAssembly.

1. Instale o AssemblyScript utilizando npm:

bash

```bash
npm install -g assemblyscript
```

2. Compile um módulo:

typescript

```typescript
// arquivo: add.ts
export function add(a: i32, b: i32): i32 {
    return a + b;
}
```

Compile o arquivo:

bash

```
asc add.ts --outFile add.wasm
```

A configuração do ambiente de desenvolvimento para WebAssembly é um passo fundamental para aproveitar todo o potencial dessa tecnologia. Escolher as ferramentas e linguagens que melhor atendem às necessidades do projeto garante eficiência e flexibilidade. Além disso, dominar diferentes métodos de configuração proporciona uma visão abrangente e prepara para os desafios de projetos mais complexos. A prática com as ferramentas apresentadas permite construir aplicações que exploram as capacidades do WebAssembly de maneira eficaz e inovadora.

CAPÍTULO 4. PRIMEIROS PASSOS COM WEBASSEMBLY

Explorar o potencial do WebAssembly começa com a compreensão de sua estrutura e a criação de um programa funcional. "Hello, World!" é o ponto de partida clássico para qualquer tecnologia, sendo uma ótima introdução ao funcionamento do WebAssembly e seus princípios fundamentais. Além disso, entender a estrutura de um arquivo .wasm é essencial para aproveitar sua eficiência e flexibilidade.

Criando um Programa "Hello, World!" em WebAssembly

O WebAssembly permite que o código seja escrito em linguagens de alto nível, como C, C++, ou Rust, e compilado para um formato binário executável. Utilizando o Emscripten como ferramenta de compilação, é possível gerar o módulo .wasm e integrá-lo ao JavaScript para execução no navegador.

Criando o Código-Fonte

O código a seguir em C define um programa simples que imprime "Hello, World!" no console:

c

```c
#include <stdio.h>

int main() {
```

```
    printf("Hello, World!\n");
    return 0;
}
```

Compilando para WebAssembly

Com o Emscripten configurado, o comando abaixo compila o código-fonte para WebAssembly e gera os arquivos necessários para execução:

bash

```
emcc hello.c -o hello.html
```

Este comando cria três arquivos principais:

- **hello.html**: Um arquivo HTML que serve como interface para carregar e executar o WebAssembly.
- **hello.js**: Código JavaScript gerado automaticamente que gerencia a integração com o módulo WebAssembly.
- **hello.wasm**: O módulo WebAssembly em formato binário.

Executando o Programa

Abra o arquivo HTML gerado no navegador. O console exibirá a mensagem "Hello, World!", indicando que o programa foi executado corretamente. O módulo WebAssembly é carregado e executado pelo navegador, demonstrando sua eficiência.

Modificando o Programa para Interatividade

Aumentar a interatividade do programa pode ser feito incluindo entradas fornecidas pelo usuário. O código abaixo captura um valor inserido no JavaScript e o passa para o WebAssembly:

c

```
#include <stdio.h>

void greet(const char* name) {
    printf("Hello, %s!\n", name);
}
```

Compile o código com o mesmo comando emcc, garantindo que ele esteja preparado para interagir com JavaScript.

No JavaScript, o código a seguir inicializa o módulo WebAssembly e fornece uma entrada ao programa:

javascript

```
fetch('hello.wasm')
  .then(response => response.arrayBuffer())
  .then(bytes => WebAssembly.instantiate(bytes, {}))
  .then(({ instance }) => {
    const name = "Alice";
    instance.exports.greet(name);
  });
```

O WebAssembly utiliza a função exportada greet para receber a string do JavaScript, demonstrando sua capacidade de integração eficiente.

Estrutura Básica de um Arquivo .wasm

O arquivo .wasm é a representação binária de um módulo WebAssembly. Ele é altamente otimizado para execução rápida e transmissão eficiente. Entender sua estrutura é fundamental para diagnosticar problemas e otimizar aplicações.

Um módulo WebAssembly consiste em seções, cada uma com uma função específica. As seções mais importantes são:

Seção de Tipos

Define as assinaturas de funções usadas no módulo. Por exemplo, uma função que soma dois números inteiros é declarada como:

wat

```
(type $add (func (param i32 i32) (result i32)))
```

Seção de Importações

Especifica funções ou recursos necessários ao módulo, mas que não estão definidos dentro dele. Um exemplo seria importar uma função de log do JavaScript:

wat

```
(import "env" "log" (func $log (param i32)))
```

Seção de Funções

Contém as definições das funções implementadas no módulo. Estas são indexadas e podem ser chamadas pelo código que utiliza o WebAssembly.

Seção de Memória

Define a memória linear utilizada pelo módulo. Essa memória pode ser compartilhada entre WebAssembly e JavaScript, permitindo troca de dados eficiente:

wat

```
(memory $memory 1)
```

Seção de Exportações

Especifica as funções ou variáveis que estão disponíveis para outros ambientes. Por exemplo, exportar uma função que retorna um número:

wat

```
(export "getNumber" (func $getNumber))
```

Construindo um Arquivo WebAssembly Manualmente

Embora o uso de compiladores seja comum, é possível criar módulos WebAssembly manualmente usando o formato textual WebAssembly (WAT). Um módulo que soma dois números pode ser escrito como:

wat

```
(module
  (func $add (param $a i32) (param $b i32) (result i32)
    local.get $a
    local.get $b
    i32.add
  )
  (export "add" (func $add))
)
```

O código acima define uma função chamada add que recebe dois inteiros como entrada e retorna sua soma. A função é exportada para que possa ser chamada a partir do JavaScript.

Compile o módulo WAT para .wasm utilizando ferramentas como wat2wasm:

bash

wat2wasm add.wat -o add.wasm

Integre o módulo no JavaScript para executar a função:

javascript

```
fetch('add.wasm')
  .then(response => response.arrayBuffer())
  .then(bytes => WebAssembly.instantiate(bytes, {}))
  .then(({ instance }) => {
    console.log(instance.exports.add(5, 7)); // Output: 12
  });
```

Explorando a Eficiência e Modularidade do WebAssembly

O formato binário do WebAssembly permite que módulos sejam compactos e carregados rapidamente, mesmo em redes de baixa largura de banda. Isso é especialmente útil para aplicações móveis e cenários em que o tempo de carregamento é crítico.

Além disso, a modularidade do WebAssembly permite que diferentes partes de uma aplicação sejam separadas em módulos distintos, que podem ser carregados conforme necessário. Por exemplo, uma aplicação de edição de imagens pode carregar um módulo específico para filtros de cor apenas quando essa funcionalidade for utilizada, economizando recursos.

Depurando e Analisando Módulos WebAssembly

A depuração de módulos WebAssembly pode ser feita diretamente em navegadores modernos, que oferecem ferramentas para inspecionar o conteúdo do módulo. O console do navegador permite visualizar as funções exportadas, inspecionar a memória compartilhada e identificar possíveis problemas de desempenho.

Por exemplo, ao inspecionar um módulo no Chrome DevTools, é possível visualizar as funções disponíveis e sua indexação:

javascript

```
const { instance } = await
WebAssembly.instantiateStreaming(fetch('module.wasm'));
console.log(instance.exports);
```

O depurador permite analisar o fluxo de execução do módulo e identificar áreas que podem ser otimizadas para melhorar a eficiência.

Dominar a criação e execução de módulos WebAssembly, começando por programas simples como "Hello, World!", é o primeiro passo para compreender a versatilidade e o potencial dessa tecnologia. Entender a estrutura de arquivos .wasm e sua interação com JavaScript permite que desenvolvedores criem aplicações eficientes e modulares. À medida que o conhecimento sobre WebAssembly se aprofunda, as possibilidades de aplicação se expandem, desde jogos e ferramentas empresariais até soluções inovadoras para processamento de dados e computação de alto desempenho.

CAPÍTULO 5. TIPOS E ESTRUTURAS DE DADOS NO WEBASSEMBLY

O WebAssembly é uma tecnologia que adota uma abordagem minimalista e eficiente para a manipulação de dados, proporcionando um conjunto limitado, mas poderoso, de tipos primitivos. Esses tipos foram projetados para oferecer alto desempenho e interoperabilidade entre o WebAssembly e linguagens de programação tradicionais, como C, C++ e Rust. Além disso, embora o WebAssembly não forneça suporte nativo para tipos complexos, ele permite a manipulação eficiente de dados compostos através de estruturas de memória linear e interação com o ambiente externo.

Tipos Primitivos no WebAssembly

O WebAssembly suporta quatro tipos primitivos, que são fundamentais para suas operações:

- **i32**: Inteiro de 32 bits com sinal.
- **i64**: Inteiro de 64 bits com sinal.
- **f32**: Ponto flutuante de 32 bits, representando números reais.
- **f64**: Ponto flutuante de 64 bits, para cálculos de maior precisão.

Esses tipos foram escolhidos para atender às necessidades mais comuns em operações computacionais, garantindo eficiência e simplicidade na implementação.

Operações com Tipos Primitivos

Cada tipo primitivo possui um conjunto de operações suportadas diretamente pelo WebAssembly, como soma, subtração, multiplicação, divisão e operações lógicas. O exemplo abaixo demonstra uma função que soma dois números inteiros:

wat

```
(module
  (func $add (param $a i32) (param $b i32) (result i32)
    local.get $a
    local.get $b
    i32.add
  )
  (export "add" (func $add))
)
```

A função acima recebe dois inteiros de 32 bits como entrada, soma-os e retorna o resultado. Quando compilada para o formato binário, ela pode ser utilizada em JavaScript:

javascript

```
fetch('module.wasm')
  .then(response => response.arrayBuffer())
  .then(bytes => WebAssembly.instantiate(bytes, {}))
  .then(({ instance }) => {
    console.log(instance.exports.add(10, 20)); // Output: 30
  });
```

Lidando com Dados Complexos

Embora o WebAssembly não suporte diretamente tipos complexos, como arrays, objetos ou estruturas, é possível manipulá-los utilizando a memória linear. A memória linear é um buffer contíguo de bytes alocado pelo módulo WebAssembly, que pode ser compartilhado com o JavaScript para manipulação eficiente de dados.

Trabalhando com Arrays

Para armazenar e manipular arrays, é necessário mapear os dados na memória linear. No exemplo abaixo, um array de inteiros é alocado e manipulado no WebAssembly:

wat

```
(module
  (memory $mem 1) ;; Define uma memória com 1 página
(64KB)
  (export "memory" (memory $mem))
  (func $setArray (param $index i32) (param $value i32)
    local.get $index
    i32.const 4
    i32.mul
    local.get $value
    i32.store
  )
  (export "setArray" (func $setArray))
)
```

A função setArray permite armazenar valores em índices específicos na memória linear. O acesso e manipulação do array são feitos em JavaScript:

javascript

```
const memory = new WebAssembly.Memory({ initial: 1 });
const { instance } = await
WebAssembly.instantiateStreaming(fetch('module.wasm'),
{ env: { memory } });
```

```
const array = new Int32Array(memory.buffer);
instance.exports.setArray(0, 42);
instance.exports.setArray(1, 84);
console.log(array[0], array[1]); // Output: 42 84
```

Manipulando Estruturas de Dados

Estruturas de dados, como objetos compostos, podem ser representadas como blocos de bytes na memória linear. Abaixo, uma estrutura com dois campos, um inteiro e um ponto flutuante, é armazenada na memória:

wat

```
(module
  (memory $mem 1)
  (export "memory" (memory $mem))
  (func $setStruct (param $offset i32) (param $intValue i32)
(param $floatValue f32)
    local.get $offset
    local.get $intValue
    i32.store
    local.get $offset
    i32.const 4
    i32.add
    local.get $floatValue
    f32.store
  )
  (export "setStruct" (func $setStruct))
)
```

A função setStruct escreve os dois campos da estrutura

em endereços consecutivos na memória. No lado JavaScript, o acesso a esses dados é feito utilizando as visualizações apropriadas do buffer:

javascript

```javascript
const memory = new WebAssembly.Memory({ initial: 1 });
const { instance } = await
WebAssembly.instantiateStreaming(fetch('module.wasm'),
{ env: { memory } });

const view = new DataView(memory.buffer);
instance.exports.setStruct(0, 123, 4.56);
console.log(view.getInt32(0, true)); // Output: 123
console.log(view.getFloat32(4, true)); // Output: 4.56
```

Trabalhando com Strings

O WebAssembly não possui suporte nativo para strings, mas elas podem ser representadas como sequências de bytes na memória linear. Para manipular strings, é necessário definir uma convenção para codificação e decodificação, como UTF-8 ou UTF-16.

No exemplo abaixo, uma string é armazenada na memória como uma sequência de caracteres codificados em UTF-8:

wat

```wat
(module
  (memory $mem 1)
  (export "memory" (memory $mem))
  (func $setString (param $offset i32) (param $length i32)
    ;; Função fictícia para armazenar a string
  )
  (export "setString" (func $setString))
```

)

No JavaScript, a manipulação de strings envolve a codificação em bytes antes de enviá-las ao WebAssembly e a decodificação ao recuperar os dados:

javascript

```
const encoder = new TextEncoder();
const decoder = new TextDecoder();

const memory = new WebAssembly.Memory({ initial: 1 });
const { instance } = await
WebAssembly.instantiateStreaming(fetch('module.wasm'),
{ env: { memory } });

const string = "Hello, WebAssembly!";
const bytes = encoder.encode(string);
const memoryArray = new Uint8Array(memory.buffer);
memoryArray.set(bytes, 0);

const retrievedString =
decoder.decode(memoryArray.subarray(0, bytes.length));
console.log(retrievedString); // Output: Hello, WebAssembly!
```

Eficiência e Organização de Dados

A eficiência no uso da memória linear é crucial para o desempenho de aplicações em WebAssembly. A organização dos dados deve ser feita de maneira a minimizar acessos redundantes e maximizar o uso de cache. Uma prática recomendada é agrupar dados que são frequentemente acessados juntos, garantindo que estejam próximos na memória.

Interoperabilidade com JavaScript

O WebAssembly foi projetado para funcionar em conjunto com o JavaScript, permitindo que os dois ambientes compartilhem dados e funções. Ao exportar funções do WebAssembly, é possível utilizá-las diretamente no JavaScript, enquanto as funções JavaScript podem ser importadas para uso no WebAssembly.

A interação eficiente entre os dois ambientes é fundamental para o desenvolvimento de aplicações híbridas, como editores gráficos, ferramentas de análise de dados e jogos.

O WebAssembly oferece suporte essencial para tipos primitivos, enquanto possibilita a manipulação de dados complexos através de sua memória linear e integração com JavaScript. A compreensão dessas características é essencial para construir aplicações eficientes e escaláveis. A exploração de tipos e estruturas no WebAssembly não apenas amplia suas capacidades, mas também prepara o caminho para criar soluções inovadoras em um mundo digital em constante evolução.

CAPÍTULO 6. INTERAÇÃO ENTRE WEBASSEMBLY E JAVASCRIPT

A integração entre WebAssembly e JavaScript é uma das características mais marcantes e poderosas dessa tecnologia. Por meio da interação eficiente entre os dois ambientes, é possível combinar o alto desempenho do WebAssembly com a flexibilidade e acessibilidade do JavaScript, permitindo o desenvolvimento de aplicações híbridas que aproveitam o melhor de cada tecnologia. A comunicação entre WebAssembly e JavaScript ocorre através de um sistema de importação e exportação de funções, além do compartilhamento de dados por meio de memória linear.

Importação de Funções para o WebAssembly

O WebAssembly permite que funções externas, como aquelas definidas no JavaScript, sejam importadas para dentro de seus módulos. Isso possibilita que o WebAssembly utilize recursos do ambiente ao qual está conectado, seja para manipular o DOM, realizar operações de entrada e saída ou acessar APIs nativas do navegador.

A seguir, uma função JavaScript é importada para o WebAssembly para exibir mensagens no console:

javascript

```
const importObject = {
  env: {
    log: (arg) => console.log(arg)
```

```
  }
};
```

No WebAssembly Text Format (WAT), a função é declarada como importada:

wat

```
(module
  (import "env" "log" (func $log (param i32)))
  (func (export "callLog")
    i32.const 42
    call $log
  )
)
```

A função log é chamada no WebAssembly para registrar valores no console. A integração é realizada utilizando a API do WebAssembly no JavaScript:

javascript

```
fetch('module.wasm')
  .then(response => response.arrayBuffer())
  .then(bytes => WebAssembly.instantiate(bytes,
importObject))
  .then(({ instance }) => {
    instance.exports.callLog();
  });
```

O valor 42 é exibido no console, demonstrando como as funções externas podem ser facilmente acessadas no WebAssembly.

Exportação de Funções do WebAssembly

O WebAssembly também permite que funções definidas em

seus módulos sejam exportadas para uso em JavaScript. Essa funcionalidade é fundamental para desenvolver aplicações que delegam tarefas computacionalmente intensivas ao WebAssembly, enquanto o JavaScript gerencia a interface e outros aspectos de alto nível.

Uma função que soma dois números inteiros é exportada do WebAssembly:

wat

```wat
(module
  (func $add (param $a i32) (param $b i32) (result i32)
    local.get $a
    local.get $b
    i32.add
  )
  (export "add" (func $add))
)
```

A função add é exportada e chamada diretamente no JavaScript:

javascript

```javascript
fetch('module.wasm')
  .then(response => response.arrayBuffer())
  .then(bytes => WebAssembly.instantiate(bytes, {}))
  .then(({ instance }) => {
    const result = instance.exports.add(10, 15);
    console.log(result); // Output: 25
  });
```

A soma é calculada no WebAssembly e o resultado é exibido pelo JavaScript.

Compartilhamento de Memória entre

WebAssembly e JavaScript

Além das funções, o WebAssembly pode compartilhar dados diretamente com o JavaScript por meio de sua memória linear. A memória linear é um buffer contíguo que pode ser acessado simultaneamente por ambos os ambientes. Essa funcionalidade é ideal para manipular arrays, strings e estruturas de dados complexas.

Um array de inteiros é manipulado diretamente no WebAssembly e lido no JavaScript:

wat

```
(module
  (memory (export "memory") 1)
  (func $setArray (param $index i32) (param $value i32)
    local.get $index
    i32.const 4
    i32.mul
    local.get $value
    i32.store
  )
  (export "setArray" (func $setArray))
)
```

A função setArray grava valores em índices específicos na memória linear. No JavaScript, a memória é acessada utilizando o objeto ArrayBuffer:

javascript

```
const memory = new WebAssembly.Memory({ initial: 1 });

const { instance } = await
WebAssembly.instantiateStreaming(fetch('module.wasm'),
{ env: { memory } });

const array = new Int32Array(memory.buffer);
```

```
instance.exports.setArray(0, 100);
instance.exports.setArray(1, 200);

console.log(array[0], array[1]); // Output: 100 200
```

Essa abordagem elimina a necessidade de conversões intermediárias, melhorando o desempenho da aplicação.

Comunicação com Strings

O WebAssembly não oferece suporte nativo para strings, mas elas podem ser manipuladas como sequências de bytes. O JavaScript é responsável por codificar strings em bytes ao passá-las para o WebAssembly e decodificar os bytes ao recuperar strings do módulo.

Um módulo que aceita uma string em UTF-8 e a exibe:

wat

```
(module
  (memory (export "memory") 1)
  (import "env" "logString" (func $logString (param i32) (param i32)))
  (func (export "printString") (param $offset i32) (param $length i32)
    local.get $offset
    local.get $length
    call $logString
  )
)
```

No JavaScript, a string é codificada e passada ao módulo:

javascript

```
const encoder = new TextEncoder();
```

```javascript
const { instance } = await
WebAssembly.instantiateStreaming(fetch('module.wasm'), {
  env: {
    logString: (offset, length) => {
      const bytes = new Uint8Array(memory.buffer, offset,
length);
      console.log(new TextDecoder().decode(bytes));
    }
  }
});

const message = "Hello, WebAssembly!";
const bytes = encoder.encode(message);

const memoryArray = new
Uint8Array(instance.exports.memory.buffer);
memoryArray.set(bytes, 0);

instance.exports.printString(0, bytes.length); // Output: Hello,
WebAssembly!
```

A string é manipulada eficientemente, demonstrando a flexibilidade da comunicação entre WebAssembly e JavaScript.

Chamadas Assíncronas e Multithreading

O WebAssembly suporta chamadas assíncronas que permitem integração com APIs modernas do JavaScript, como Promises e Fetch. Essa funcionalidade é crucial para cenários como carregamento dinâmico de módulos ou execução em ambientes paralelos.

Um módulo que processa dados recebidos de uma API remota:

javascript

```
fetch('data.json')
  .then(response => response.json())
  .then(data => {
   const processedData =
instance.exports.processData(data.value);
    console.log(processedData);
  });
```

Otimização da Comunicação

Para garantir desempenho máximo, é importante minimizar a quantidade de chamadas entre os dois ambientes e maximizar o uso da memória compartilhada. Consolidar operações em funções WebAssembly reduz a sobrecarga associada à troca de mensagens entre os dois mundos.

Aplicações Práticas

A integração eficiente entre WebAssembly e JavaScript possibilita a criação de soluções avançadas, como editores gráficos online, jogos de alta performance e ferramentas de análise de dados. O uso combinado das tecnologias permite construir experiências interativas e otimizadas que aproveitam o desempenho do WebAssembly e a ubiquidade do JavaScript.

A exploração dessas capacidades é essencial para criar aplicações modernas que atendam às demandas de um mercado em constante evolução, tornando a integração entre WebAssembly e JavaScript uma habilidade indispensável para desenvolvedores.

CAPÍTULO 7. GERENCIAMENTO DE MEMÓRIA

O gerenciamento de memória é uma das funcionalidades mais importantes em qualquer tecnologia de programação, e o WebAssembly não é exceção. Ele utiliza um modelo de memória linear, eficiente e flexível, que é compartilhado entre o módulo WebAssembly e o ambiente hospedeiro, geralmente o JavaScript. Compreender como alocar, acessar e manipular a memória corretamente é essencial para criar aplicações que sejam ao mesmo tempo rápidas e confiáveis. Além disso, explorar ferramentas e técnicas de otimização garante que os recursos de memória sejam utilizados de forma eficiente, reduzindo desperdícios e melhorando o desempenho geral.

Modelo de Memória Linear

No WebAssembly, a memória linear é representada por um único bloco contíguo de bytes. Essa estrutura é escalável, permitindo que o tamanho da memória cresça conforme necessário. A memória linear é inicializada com um tamanho mínimo e pode ser expandida em múltiplos de páginas, onde cada página equivale a 64 KB.

A memória é acessada usando índices que referenciam posições específicas dentro do bloco. Cada posição pode armazenar tipos primitivos suportados pelo WebAssembly, como inteiros e pontos flutuantes. Por padrão, a memória é isolada, mas pode ser compartilhada com o ambiente hospedeiro para interação direta com outras partes da aplicação.

A definição da memória no formato WebAssembly Text Format (WAT) pode ser feita da seguinte forma:

wat

```
(module
  (memory (export "memory") 1 2) ;; Define uma memória
inicial de 1 página com limite de 2 páginas
)
```

Essa configuração exporta a memória, tornando-a acessível no ambiente hospedeiro. O parâmetro inicial define o número de páginas alocadas inicialmente, enquanto o limite opcional define o número máximo de páginas que podem ser alocadas.

Alocação e Manipulação de Memória

A alocação de memória no WebAssembly é feita de forma manual, e o desenvolvedor é responsável por gerenciar o espaço utilizado. Não há coleta de lixo automática, como em JavaScript, então é essencial garantir que os dados alocados sejam liberados adequadamente quando não forem mais necessários.

Acessando a Memória

Os dados na memória linear são acessados e manipulados por meio de instruções específicas, como i32.store e i32.load. Essas instruções permitem armazenar e recuperar valores em endereços específicos.

Abaixo, uma função que grava e lê valores da memória:

wat

```
(module
  (memory (export "memory") 1)
  (func $writeMemory (param $offset i32) (param $value i32)
    local.get $offset
```

```
    local.get $value
    i32.store
  )
  (func $readMemory (param $offset i32) (result i32)
    local.get $offset
    i32.load
  )
  (export "writeMemory" (func $writeMemory))
  (export "readMemory" (func $readMemory))
)
```

No JavaScript, esses dados podem ser manipulados diretamente:

javascript

```
const memory = new WebAssembly.Memory({ initial: 1 });

const { instance } = await
WebAssembly.instantiateStreaming(fetch('module.wasm'),
{ env: { memory } });

instance.exports.writeMemory(0, 1234);

const value = instance.exports.readMemory(0);
console.log(value); // Output: 1234
```

Os valores são armazenados na posição especificada e podem ser recuperados com precisão.

Gerenciamento de Estruturas Complexas

Para armazenar estruturas de dados mais complexas, como arrays ou objetos, os bytes individuais precisam ser organizados manualmente na memória. Uma estrutura com dois campos (um inteiro e um ponto flutuante) pode ser representada assim:

wat

```
(module
  (memory (export "memory") 1)
  (func $writeStruct (param $offset i32) (param $intVal i32)
(param $floatVal f32)
    local.get $offset
    local.get $intVal
    i32.store
    local.get $offset
    i32.const 4
    i32.add
    local.get $floatVal
    f32.store
  )
  (func $readStructInt (param $offset i32) (result i32)
    local.get $offset
    i32.load
  )
  (func $readStructFloat (param $offset i32) (result f32)
    local.get $offset
    i32.const 4
    i32.add
    f32.load
  )
  (export "writeStruct" (func $writeStruct))
  (export "readStructInt" (func $readStructInt))
  (export "readStructFloat" (func $readStructFloat))
)
```

No ambiente JavaScript, as operações de leitura e escrita são feitas da seguinte forma:

javascript

```
const memory = new WebAssembly.Memory({ initial: 1 });
const { instance } = await
```

```
WebAssembly.instantiateStreaming(fetch('module.wasm'),
{ env: { memory } });

instance.exports.writeStruct(0, 42, 3.14);

const intVal = instance.exports.readStructInt(0);
const floatVal = instance.exports.readStructFloat(0);

console.log(intVal, floatVal); // Output: 42 3.14
```

Os valores são armazenados em posições consecutivas e acessados conforme necessário.

Ferramentas para Otimização

A otimização do gerenciamento de memória é essencial para maximizar o desempenho das aplicações em WebAssembly. Algumas técnicas e ferramentas ajudam a atingir esse objetivo:

Reutilização de Memória

Evitar a realocação desnecessária é uma prática recomendada para reduzir a sobrecarga. Ao invés de desalocar e realocar blocos de memória constantemente, é preferível reutilizar regiões da memória já alocadas, redefinindo os valores armazenados.

Compactação

Para evitar fragmentação, os dados podem ser reorganizados na memória, agrupando valores utilizados e liberando espaços inutilizados. Essa abordagem melhora o desempenho ao reduzir a necessidade de expandir a memória.

Ferramentas de Depuração

Ferramentas de depuração específicas para WebAssembly, como extensões de navegadores e o Visual Studio Code, ajudam a identificar problemas de memória, como acessos inválidos ou uso excessivo.

Uso de Linguagens com Suporte Nativo

Linguagens como Rust oferecem abstrações seguras para gerenciar memória em WebAssembly, reduzindo a probabilidade de erros. O compilador Rust garante que o código seja seguro e eficiente antes de ser transformado em WebAssembly.

rust

```rust
#[no_mangle]
pub extern "C" fn sum(a: i32, b: i32) -> i32 {
    a + b
}
```

Esse código gera um módulo WebAssembly otimizado para lidar com a memória automaticamente, sem riscos de vazamentos.

Considerações sobre Segurança

O gerenciamento inadequado de memória pode levar a problemas de segurança, como buffer overflows e acesso não autorizado a dados. A sandboxing do WebAssembly reduz esses riscos ao isolar a memória do módulo, mas o desenvolvedor ainda é responsável por garantir que os dados sejam acessados e manipulados corretamente.

Adotar práticas seguras, como validação de entradas e controle rigoroso de índices de acesso, é fundamental para proteger a integridade da aplicação.

Integração com JavaScript

A memória linear do WebAssembly é acessível no JavaScript como um buffer. Utilizar visualizações como DataView ou TypedArray permite manipular os dados diretamente, eliminando a necessidade de conversões adicionais e melhorando o desempenho.

javascript

```javascript
const memory = new WebAssembly.Memory({ initial: 1 });
const array = new Int32Array(memory.buffer);
array[0] = 100;
array[1] = 200;

console.log(array[0], array[1]); // Output: 100 200
```

Essa abordagem é ideal para aplicações que exigem troca constante de dados entre WebAssembly e JavaScript, como jogos e ferramentas de edição.

O gerenciamento de memória no WebAssembly combina eficiência e flexibilidade, permitindo criar aplicações robustas que utilizam recursos de forma inteligente. Ao explorar técnicas de alocação, manipulação e otimização, os desenvolvedores podem garantir que suas aplicações sejam não apenas funcionais, mas também altamente performáticas. A integração harmoniosa com JavaScript e a utilização de ferramentas avançadas tornam o WebAssembly uma tecnologia poderosa para enfrentar desafios complexos no desenvolvimento moderno.

CAPÍTULO 8. COMPILAÇÃO DE C/ C++ PARA WEBASSEMBLY

C e C++ são linguagens amplamente utilizadas para o desenvolvimento de aplicações de alto desempenho, devido ao controle granular sobre recursos de hardware e memória. O WebAssembly aproveita essa eficiência, permitindo que código escrito em C e C++ seja compilado para um formato binário executável no navegador. Ferramentas como Emscripten desempenham um papel crucial nesse processo, fornecendo um pipeline robusto para transformar código tradicional em módulos WebAssembly eficientes.

A integração de C e C++ com WebAssembly permite criar aplicações como jogos, editores gráficos e simulações científicas, que combinam a eficiência do código nativo com a acessibilidade da web. Entender como compilar e otimizar esse código é essencial para aproveitar o máximo do potencial do WebAssembly.

Utilizando o Emscripten para Compilar Código C/C++

O Emscripten é um compilador baseado no LLVM que converte código C e C++ em WebAssembly. Ele fornece uma série de ferramentas para gerar arquivos .wasm, além de arquivos auxiliares como .js e .html, que facilitam a execução no navegador.

Instalação do Emscripten

Para instalar o Emscripten, siga os passos básicos:

Clone o repositório do Emscripten SDK:

bash

```
git clone https://github.com/emscripten-core/emsdk.git
cd emsdk
```

Instale e ative a versão mais recente do Emscripten:

bash

```
./emsdk install latest
./emsdk activate latest
source ./emsdk_env.sh
```

Verifique a instalação utilizando o comando:

bash

```
emcc --version
```

Criando um Programa Simples

Um programa básico em C que imprime "Hello, WebAssembly!" no console pode ser escrito como:

c

```
#include <stdio.h>

int main() {
    printf("Hello, WebAssembly!\n");
    return 0;
```

```
}
```

Compile o código para WebAssembly utilizando o Emscripten:

bash

```
emcc hello.c -o hello.html
```

Esse comando gera três arquivos principais:

- **hello.html**: Um arquivo HTML para carregar o módulo no navegador.
- **hello.js**: Um arquivo JavaScript que serve como ponte entre o WebAssembly e o navegador.
- **hello.wasm**: O arquivo binário do WebAssembly.

Abra o arquivo HTML em um navegador para executar o programa e visualizar a saída no console.

Integração com JavaScript

O Emscripten facilita a interação entre funções C/C++ e JavaScript. Uma função que soma dois números pode ser exportada de C e chamada diretamente no JavaScript.

No código C, defina uma função exportada:

c

```
#include <emscripten.h>

EMSCRIPTEN_KEEPALIVE
int add(int a, int b) {
    return a + b;
}
```

Compile o código para WebAssembly, garantindo que a função add seja exportada:

bash

```
emcc sum.c -o sum.js -s EXPORTED_FUNCTIONS="['_add']" -s
MODULARIZE
```

No JavaScript, importe e utilize o módulo:

javascript

```
const Module = require('./sum.js');

Module().then((instance) => {
    const result = instance._add(5, 7);
    console.log(result); // Output: 12
});
```

Essa abordagem demonstra a interoperabilidade eficiente entre os dois ambientes.

Gerenciamento de Memória

O Emscripten fornece APIs para gerenciar memória de forma explícita. Funções como malloc e free estão disponíveis para alocar e liberar memória. Um array de inteiros pode ser alocado no C e manipulado no JavaScript:

Código C para alocação de memória:

c

```
#include <emscripten.h>
#include <stdlib.h>

EMSCRIPTEN_KEEPALIVE
int* allocate_array(int size) {
    return (int*)malloc(size * sizeof(int));
}
```

```
EMSCRIPTEN_KEEPALIVE
void free_array(int* array) {
    free(array);
}
```

Compile o código para WebAssembly:

bash

```bash
emcc memory.c -o memory.js -s
EXPORTED_FUNCTIONS="['_allocate_array', '_free_array']"
```

No JavaScript, manipule os dados diretamente na memória compartilhada:

javascript

```javascript
const Module = require('./memory.js');

Module().then((instance) => {
    const size = 5;
    const arrayPtr = instance._allocate_array(size);

    const array = new Int32Array(instance.HEAP32.buffer,
arrayPtr, size);
    for (let i = 0; i < size; i++) {
        array[i] = i * 2;
    }

    console.log(array); // Output: [0, 2, 4, 6, 8]

    instance._free_array(arrayPtr);
});
```

Trabalhando com Entradas e Saídas

Além de interagir com JavaScript, o Emscripten suporta redirecionamento de entradas e saídas padrão. Isso é útil para capturar a saída de funções printf e redirecioná-la para o console do navegador.

No código C, a função printf é utilizada normalmente:

c

```c
#include <stdio.h>

int main() {
    printf("WebAssembly with I/O\n");
    return 0;
}
```

Compile o código para WebAssembly:

bash

```bash
emcc io.c -o io.html
```

Ao abrir o arquivo HTML, a saída é exibida diretamente no console.

Casos Práticos

Jogos Baseados em WebAssembly

O Emscripten é amplamente utilizado para portar motores de jogos para o navegador. Motores como Unity e Unreal Engine utilizam WebAssembly para oferecer desempenho quase nativo em jogos online.

No código C++, o motor de física pode ser definido:

cpp

```cpp
#include <emscripten.h>
```

```
extern "C" {
  EMSCRIPTEN_KEEPALIVE
  float calculate_velocity(float distance, float time) {
    return distance / time;
  }
}
```

Compile o código para WebAssembly:

bash

```
emcc physics.cpp -o physics.js -s
EXPORTED_FUNCTIONS="['_calculate_velocity']"
```

No JavaScript, a função de física é integrada ao jogo:

javascript

```
const Module = require('./physics.js');

Module().then((instance) => {
  const velocity = instance._calculate_velocity(100, 2);
  console.log(`Velocity: ${velocity} m/s`); // Output: Velocity:
50 m/s
});
```

Aplicações Científicas

Simulações científicas intensivas, como análise de dados e modelagem, podem ser realizadas em WebAssembly para melhorar o desempenho.

Um código C++ que calcula a média de um conjunto de dados:

cpp

```cpp
#include <vector>

extern "C" {
    float calculate_mean(const float* data, int size) {
        float sum = 0;
        for (int i = 0; i < size; i++) {
            sum += data[i];
        }
        return sum / size;
    }
}
```

Compile o código e use o JavaScript para carregar os dados e calcular a média:

javascript

```javascript
const Module = require('./mean.js');

Module().then((instance) => {
    const data = [1.0, 2.0, 3.0, 4.0, 5.0];
    const dataPtr = instance._malloc(data.length * 4);
    const dataHeap = new
Float32Array(instance.HEAPF32.buffer, dataPtr, data.length);

    dataHeap.set(data);
    const mean =
instance._calculate_mean(dataHeap.byteOffset, data.length);

    console.log(`Mean: ${mean}`); // Output: Mean: 3
    instance._free(dataPtr);
});
```

Melhores Práticas

1. **Exportação Selecionada**: Apenas funções necessárias devem ser exportadas para minimizar o tamanho do módulo.
2. **Uso Racional da Memória**: Alocar e liberar memória corretamente evita vazamentos e melhora o desempenho.
3. **Depuração com Sourcemaps**: Utilize -g durante a compilação para facilitar a depuração.
4. **Otimização de Código**: Use o parâmetro -O2 ou -O3 para melhorar o desempenho do código gerado.

A compilação de C/C++ para WebAssembly abre um vasto leque de possibilidades, combinando a eficiência de linguagens nativas com a acessibilidade da web. O Emscripten é uma ferramenta indispensável para esse processo, fornecendo suporte robusto para transformar código tradicional em soluções modernas, interativas e de alto desempenho. Ao explorar as melhores práticas e casos práticos, é possível criar aplicações inovadoras que redefinem os limites do que é possível na web.

CAPÍTULO 9. USO DE WEBASSEMBLY COM OUTRAS LINGUAGENS

O WebAssembly foi projetado para ser independente de linguagem, permitindo que várias linguagens de programação sejam compiladas para o formato binário .wasm. Isso permite a utilização de linguagens modernas e eficientes, como Rust e Go, para construir módulos WebAssembly. Ambas as linguagens oferecem ferramentas robustas e suporte nativo para WebAssembly, facilitando a criação de soluções que combinam desempenho, segurança e escalabilidade.

Explorar como Rust e Go podem ser integrados ao WebAssembly revela o potencial dessas linguagens para aplicações modernas e de alto desempenho.

Integração com Rust

Rust é uma linguagem conhecida por sua segurança de memória e eficiência, sendo uma escolha ideal para desenvolvimento com WebAssembly. O suporte nativo ao WebAssembly no Rust é oferecido por meio do compilador rustc e ferramentas adicionais como wasm-bindgen e wasm-pack.

Configurando o Ambiente Rust para WebAssembly

Instale o Rust utilizando o gerenciador rustup:

bash

```
curl --proto '=https' --tlsv1.2 -sSf https://sh.rustup.rs | sh
```

Adicione o suporte ao WebAssembly como destino de compilação:

bash

```
rustup target add wasm32-unknown-unknown
```

Instale o wasm-pack para simplificar o empacotamento e a integração:

bash

```
cargo install wasm-pack
```

Criando um Módulo em Rust

Um módulo que soma dois números pode ser implementado da seguinte forma:

rust

```rust
#[no_mangle]
pub extern "C" fn add(a: i32, b: i32) -> i32 {
    a + b
}
```

Compile o código para WebAssembly:

bash

```
rustc --target=wasm32-unknown-unknown -O -o add.wasm
add.rs
```

O arquivo add.wasm gerado pode ser integrado ao JavaScript

utilizando a API do WebAssembly:

javascript

```
fetch('add.wasm')
  .then(response => response.arrayBuffer())
  .then(bytes => WebAssembly.instantiate(bytes, {}))
  .then(({ instance }) => {
    console.log(instance.exports.add(10, 20)); // Output: 30
  });
```

Usando wasm-bindgen para Integração Avançada

O wasm-bindgen simplifica a comunicação entre WebAssembly e JavaScript, permitindo que tipos mais complexos, como strings, sejam utilizados diretamente.

Defina uma função que manipula strings:

rust

```
use wasm_bindgen::prelude::*;

#[wasm_bindgen]
pub fn greet(name: &str) -> String {
    format!("Hello, {}!", name)
}
```

Empacote o módulo com wasm-pack:

bash

```
wasm-pack build --target web
```

No JavaScript, importe o módulo gerado e use a função greet:

javascript

```
import init, { greet } from './pkg/module.js';

async function run() {
    await init();
    console.log(greet("Alice")); // Output: Hello, Alice!
}
run();
```

Integração com Go

Go, com sua simplicidade e desempenho, também oferece suporte robusto para WebAssembly. O compilador Go pode gerar arquivos .wasm diretamente, permitindo que aplicações escritas em Go sejam executadas no navegador ou em outros ambientes compatíveis.

Configurando o Ambiente Go para WebAssembly

Instale o Go a partir do site oficial.

Configure o ambiente para compilar para WebAssembly definindo o destino de compilação:

bash

```
export GOOS=js
export GOARCH=wasm
```

Criando um Módulo em Go

Um módulo que calcula o fatorial de um número é implementado assim:

go

```go
package main

import (
        "syscall/js"
)

func factorial(this js.Value, args []js.Value) interface{} {
        n := args[0].Int()
        result := 1
        for i := 1; i <= n; i++ {
        result *= i
        }
        return result
}

func main() {
        js.Global().Set("factorial", js.FuncOf(factorial))
        select {}
}
```

Compile o código para WebAssembly:

bash

```bash
GOOS=js GOARCH=wasm go build -o main.wasm
```

Use um arquivo JavaScript para carregar e executar o módulo:

javascript

```javascript
const go = new Go();
WebAssembly.instantiateStreaming(fetch('main.wasm'),
go.importObject).then((result) => {
   go.run(result.instance);
   console.log(factorial(5)); // Output: 120
});
```

O módulo utiliza a API do Go para expor a função factorial, permitindo sua execução diretamente no navegador.

Comparação entre Rust e Go no WebAssembly

Vantagens de Rust

- **Segurança de Memória**: Ferramentas como wasm-bindgen garantem comunicação segura e eficiente.
- **Desempenho Superior**: O código gerado pelo Rust é altamente otimizado para o WebAssembly.
- **Ecossistema Amplo**: A comunidade Rust oferece uma vasta gama de bibliotecas e ferramentas.

Vantagens de Go

- **Facilidade de Uso**: A simplicidade da linguagem Go reduz a complexidade de desenvolvimento.
- **Integração Direta**: O suporte nativo à API JavaScript torna a interação mais simples.
- **Desempenho Adequado**: Apesar de não ser tão otimizado quanto o Rust, Go oferece desempenho suficiente para muitas aplicações.

Casos Práticos

Construindo Ferramentas de Análise com Rust

Um módulo Rust pode ser usado para realizar cálculos complexos em dados financeiros:

rust

```
#[wasm_bindgen]
pub fn calculate_interest(principal: f64, rate: f64, years: u32) ->
f64 {
    principal * (1.0 + rate).powi(years as i32)
}
```

Compile e utilize o módulo no JavaScript para criar uma calculadora interativa.

Criando Simuladores com Go

Um simulador de queda livre pode ser desenvolvido em Go para calcular a posição de um objeto ao longo do tempo:

go

```
func position(this js.Value, args []js.Value) interface{} {
        time := args[0].Float()
        return 0.5 * 9.8 * time * time
}
```

A integração com JavaScript permite visualizar a simulação em tempo real.

Melhores Práticas

1. **Escolha a Linguagem com Base no Projeto**: Use Rust para aplicativos críticos em desempenho e Go para projetos que priorizem simplicidade.
2. **Otimize o Código Gerado**: Utilize ferramentas como wasm-opt para reduzir o tamanho e melhorar a velocidade do módulo .wasm.

3. **Depure com Ferramentas Adequadas**: Extensões para navegadores e depuradores de IDEs ajudam a identificar e resolver problemas.
4. **Use Bibliotecas de Comunidade**: Explore pacotes disponíveis para Rust e Go para evitar reinventar a roda.

A integração do WebAssembly com linguagens modernas como Rust e Go abre um universo de possibilidades para o desenvolvimento web e além. Essas linguagens combinam desempenho e simplicidade com as capacidades únicas do WebAssembly, criando soluções que atendem às demandas de um mercado cada vez mais exigente. Dominar a compilação e o uso dessas linguagens no WebAssembly é uma habilidade essencial para qualquer desenvolvedor que busca criar aplicações de alto impacto.

CAPÍTULO 10. DESEMPENHO E BENCHMARKING

O WebAssembly foi desenvolvido para oferecer um desempenho próximo ao nativo em navegadores e outros ambientes de execução. Ele complementa o JavaScript, especialmente em tarefas computacionalmente intensivas, como cálculos científicos, gráficos complexos e processamento de dados em larga escala. Avaliar o desempenho do WebAssembly em comparação ao JavaScript e implementar práticas de benchmarking eficazes é fundamental para maximizar o potencial dessa tecnologia.

Comparação de Desempenho entre WebAssembly e JavaScript

WebAssembly e JavaScript possuem arquiteturas diferentes, o que impacta diretamente em como o código é executado. Enquanto o JavaScript é interpretado e otimizado por mecanismos JIT (Just-In-Time), o WebAssembly é pré-compilado para um formato binário compacto e otimizado, pronto para execução direta. Essa diferença é particularmente evidente em cenários que envolvem cálculos pesados ou manipulação intensiva de dados.

Cenário de Comparação: Cálculo de Fatoriais

Um programa que calcula o fatorial de um número pode ser usado para demonstrar a diferença de desempenho entre WebAssembly e JavaScript.

Implementação em JavaScript:

javascript

```javascript
function factorialJS(n) {
    if (n <= 1) return 1;
    return n * factorialJS(n - 1);
}

console.time("JavaScript");
console.log(factorialJS(20));
console.timeEnd("JavaScript");
```

Implementação em WebAssembly utilizando C:

c

```c
int factorial(int n) {
    if (n <= 1) return 1;
    return n * factorial(n - 1);
}
```

Compile o código para WebAssembly:

bash

```bash
emcc factorial.c -o factorial.wasm -s
EXPORTED_FUNCTIONS="['_factorial']"
```

No JavaScript, carregue e execute o módulo WebAssembly:

javascript

```javascript
fetch('factorial.wasm')
  .then(response => response.arrayBuffer())
  .then(bytes => WebAssembly.instantiate(bytes, {}))
  .then(({ instance }) => {
    console.time("WebAssembly");
    console.log(instance.exports._factorial(20));
    console.timeEnd("WebAssembly");
```

```
});
```

Ao executar ambos os códigos, o WebAssembly geralmente apresenta um desempenho superior, especialmente para números maiores, devido à eficiência do código binário e à ausência da sobrecarga de interpretação.

Áreas de Melhor Desempenho do WebAssembly

- **Cálculos Matemáticos**: Operações intensivas, como simulações físicas ou processamento de gráficos.
- **Manipulação de Dados**: Análise e transformação de grandes conjuntos de dados.
- **Motores de Jogo**: Renderização em tempo real e cálculos de física.
- **Codificação de Vídeo/Áudio**: Transcodificação e compressão em alta velocidade.

O JavaScript ainda é preferido para lógica de alto nível, manipulação de DOM e interações com o usuário.

Ferramentas para Monitoramento e Análise

Diversas ferramentas estão disponíveis para medir e analisar o desempenho de aplicações que utilizam WebAssembly. Elas ajudam a identificar gargalos, avaliar o uso de recursos e otimizar o código.

Ferramentas Baseadas em Navegadores

1. **Chrome DevTools**
   O Chrome DevTools oferece suporte nativo para

inspecionar módulos WebAssembly. Ele permite visualizar o uso de CPU, memória e analisar os ciclos de execução.

o   Acesse a aba "Performance" e inicie uma gravação.

o   Identifique funções WebAssembly na lista de chamadas para avaliar sua contribuição ao uso de CPU.

2. **Firefox Developer Tools**
   Semelhante ao Chrome, o Firefox também oferece suporte avançado para depuração e análise de desempenho.

Ferramentas Externas

1. **wasm-opt**
   Parte do Binaryen, essa ferramenta otimiza módulos WebAssembly reduzindo seu tamanho e melhorando a execução.

bash

```
wasm-opt -O3 module.wasm -o module_opt.wasm
```

2. **Perfetto**
   Perfetto é uma ferramenta avançada para rastreamento de desempenho, que permite medir métricas detalhadas, como latência e utilização de recursos.

3. **Benchmark.js**
   Utilizado para medir o desempenho de funções JavaScript, pode ser combinado com WebAssembly para comparar tempos de execução.

Implementando Benchmarking

O benchmarking permite medir o desempenho de diferentes implementações de uma função ou módulo. Uma boa prática é repetir o teste várias vezes para obter uma média representativa.

Um script de benchmarking para comparar JavaScript e WebAssembly:

javascript

```javascript
function benchmark(name, fn, iterations = 10000) {
    const start = performance.now();
    for (let i = 0; i < iterations; i++) {
        fn();
    }
    const end = performance.now();
    console.log(` ${name}: ${(end - start).toFixed(2)} ms `);
}

// JavaScript function
benchmark("JavaScript", () => factorialJS(10));

// WebAssembly function
fetch('factorial.wasm')
  .then(response => response.arrayBuffer())
  .then(bytes => WebAssembly.instantiate(bytes, {}))
  .then(({ instance }) => {
    benchmark("WebAssembly", () =>
instance.exports._factorial(10));
  });
```

Esse script mede o tempo médio de execução de cada função e destaca as diferenças de desempenho.

Estratégias de Otimização

1. **Minimizar a Comunicação entre Ambientes**
   Reduzir o número de chamadas entre WebAssembly e JavaScript diminui a sobrecarga. Consolidar operações em funções WebAssembly maiores ajuda a alcançar esse objetivo.
2. **Usar Memória Linear com Eficácia**
   Manipular dados diretamente na memória linear, sem cópias desnecessárias, melhora o desempenho.
3. **Utilizar Ferramentas de Otimização**
   Ferramentas como wasm-opt e Binaryen reduzem o tamanho do módulo e aprimoram sua eficiência.
4. **Configuração de Compilação**
   Utilizar flags de otimização durante a compilação, como -O3 no Emscripten, gera código mais rápido.
5. **Evitar Alocações Desnecessárias**
   Reutilizar buffers e evitar a alocação dinâmica excessiva reduz a fragmentação de memória.

Exemplo Prático: Otimização de Um Algoritmo

Um algoritmo que soma os números de um array é implementado em WebAssembly:

Código C:

```c
int sum_array(int* array, int length) {
    int sum = 0;
    for (int i = 0; i < length; i++) {
```

```
    sum += array[i];
  }
  return sum;
}
```

Compile com otimizações:

bash

```
emcc sum_array.c -o sum_array.wasm -s
EXPORTED_FUNCTIONS="['_sum_array']" -O3
```

No JavaScript, carregue e utilize o módulo:

javascript

```
const memory = new WebAssembly.Memory({ initial: 1 });

fetch('sum_array.wasm')
  .then(response => response.arrayBuffer())
  .then(bytes => WebAssembly.instantiate(bytes, { env:
{ memory } }))
  .then(({ instance }) => {
    const array = new Int32Array(memory.buffer, 0, 5);
    array.set([1, 2, 3, 4, 5]);

    const result = instance.exports._sum_array(array.byteOffset,
array.length);
    console.log(result); // Output: 15
  });
```

A combinação de otimizações no código C e na configuração do compilador resulta em um desempenho superior, especialmente para arrays maiores.

Considerações sobre Desempenho em Diferentes Cenários

O desempenho do WebAssembly é maximizado em tarefas que exigem cálculos intensivos ou manipulação direta de memória. No entanto, tarefas que envolvem interações frequentes com o DOM ou APIs de navegador podem ser mais adequadas ao JavaScript devido à sua proximidade com esses elementos.

A escolha entre WebAssembly e JavaScript deve ser orientada pela natureza da tarefa, considerando os pontos fortes de cada tecnologia. Combinar ambas de maneira estratégica resulta em aplicações robustas e eficientes.

A análise e o benchmarking de desempenho são etapas essenciais para aproveitar o máximo do WebAssembly. Comparar sua eficiência com JavaScript em diferentes cenários revela os benefícios de cada tecnologia, enquanto o uso de ferramentas especializadas e estratégias de otimização garante que os módulos WebAssembly atinjam seu potencial máximo. Ao dominar essas práticas, desenvolvedores podem criar aplicações que sejam não apenas funcionais, mas também excepcionalmente rápidas e escaláveis.

CAPÍTULO 11. DESENVOLVIMENTO DE APLICAÇÕES WEB

O uso do WebAssembly em projetos reais de desenvolvimento web abriu novas possibilidades, permitindo que tarefas complexas e exigentes em termos de desempenho sejam executadas diretamente no navegador com eficiência comparável à de aplicações nativas. A integração do WebAssembly com frameworks e bibliotecas facilita a criação de aplicações modernas e interativas, desde jogos de alta performance até ferramentas empresariais avançadas. Explorar como essas aplicações podem ser desenvolvidas, integrando WebAssembly e JavaScript de forma harmônica, é essencial para aproveitar plenamente os benefícios dessa tecnologia.

Como Utilizar WebAssembly em Projetos Reais

O desenvolvimento de aplicações web com WebAssembly geralmente segue um fluxo estruturado, que inclui a escolha de linguagens e ferramentas, a implementação de módulos, a integração com JavaScript e a otimização para o desempenho e a experiência do usuário.

Planejamento do Projeto

Antes de começar o desenvolvimento, é importante identificar quais partes da aplicação podem se beneficiar do uso do WebAssembly. Tarefas como processamento de dados, renderização gráfica ou cálculos matemáticos intensivos são boas candidatas para migração ao WebAssembly. As tarefas mais leves e interativas podem continuar sendo tratadas pelo

JavaScript, garantindo uma integração fluida.

Estruturando o Código

Dividir o código em módulos bem definidos facilita a manutenção e a escalabilidade. Cada módulo WebAssembly deve ter responsabilidades claras e ser otimizado para realizar tarefas específicas. Por exemplo, em um editor gráfico, um módulo pode lidar com operações de filtragem de imagem, enquanto outro realiza cálculos de geometria.

Integração do WebAssembly com JavaScript

A integração entre WebAssembly e JavaScript é feita utilizando a API nativa do WebAssembly, que permite carregar, instanciar e interagir com módulos .wasm. No código a seguir, um módulo que realiza cálculos de transformação de matriz é carregado e integrado a uma aplicação web.

Defina a funcionalidade em C++:

cpp

```cpp
#include <vector>
extern "C" {
    void transform_matrix(float* matrix, int size) {
        for (int i = 0; i < size; i++) {
            matrix[i] *= 2; // Dobra os valores da matriz
        }
    }
}
```

Compile o código para WebAssembly:

bash

```bash
emcc matrix.cpp -o matrix.js -s
```

```
EXPORTED_FUNCTIONS="['_transform_matrix']" -s
MODULARIZE
```

Integre o módulo ao JavaScript para manipular uma matriz diretamente no navegador:

javascript

```javascript
const Module = require('./matrix.js');

Module().then((instance) => {
    const size = 9;
    const matrix = new Float32Array(size).fill(1.0); // Matriz inicial
    const matrixPointer = instance._malloc(size * matrix.BYTES_PER_ELEMENT);

    instance.HEAPF32.set(matrix, matrixPointer / matrix.BYTES_PER_ELEMENT);
    instance._transform_matrix(matrixPointer, size);

    const result = instance.HEAPF32.subarray(matrixPointer / matrix.BYTES_PER_ELEMENT, matrixPointer / matrix.BYTES_PER_ELEMENT + size);
    console.log(result); // [2, 2, 2, 2, 2, 2, 2, 2, 2]

    instance._free(matrixPointer);
});
```

Esse fluxo permite que o WebAssembly processe dados de forma eficiente, enquanto o JavaScript continua sendo responsável por tarefas de manipulação de interface e lógica de alto nível.

Frameworks e Bibliotecas Úteis

Frameworks e bibliotecas ajudam a acelerar o desenvolvimento com WebAssembly, fornecendo ferramentas prontas para resolver problemas comuns e integrar funcionalidades complexas.

Blazor WebAssembly

Blazor é um framework da Microsoft que permite construir aplicações web interativas utilizando C#. Ele compila código C# para WebAssembly, possibilitando que o back-end e o front-end sejam escritos na mesma linguagem.

Com o Blazor, é possível criar componentes reutilizáveis que são executados diretamente no navegador, eliminando a necessidade de JavaScript para muitas tarefas. Um exemplo simples de um contador em Blazor:

csharp

```
@page "/counter"

<h3>Counter</h3>

<p>Current count: @currentCount</p>

<button @onclick="IncrementCount">Click me</button>

@code {
    private int currentCount = 0;

    private void IncrementCount() {
        currentCount++;
    }
}
```

Blazor gerencia automaticamente a comunicação entre o código WebAssembly e o navegador, tornando o desenvolvimento mais simples para desenvolvedores C#.

AssemblyScript

AssemblyScript é uma linguagem baseada em TypeScript que compila diretamente para WebAssembly. Ela é especialmente útil para desenvolvedores JavaScript que desejam criar módulos WebAssembly sem aprender uma linguagem completamente nova.

Defina um módulo simples em AssemblyScript:

typescript

```typescript
export function square(n: i32): i32 {
    return n * n;
}
```

Compile o código para WebAssembly:

bash

```bash
asc module.ts --outFile module.wasm
```

Integre o módulo ao JavaScript:

javascript

```javascript
fetch('module.wasm')
  .then(response => response.arrayBuffer())
  .then(bytes => WebAssembly.instantiate(bytes, {}))
  .then(({ instance }) => {
    console.log(instance.exports.square(5)); // Output: 25
  });
```

AssemblyScript é ideal para iniciantes no desenvolvimento com WebAssembly, pois utiliza uma sintaxe familiar.

TensorFlow.js com WebAssembly

O TensorFlow.js oferece suporte ao backend WebAssembly, permitindo que modelos de aprendizado de máquina sejam executados com maior eficiência no navegador.

Instale o TensorFlow.js com suporte ao WebAssembly:

bash

```
npm install @tensorflow/tfjs-backend-wasm
```

Configure o backend em uma aplicação:

javascript

```javascript
import * as tf from '@tensorflow/tfjs';
import '@tensorflow/tfjs-backend-wasm';

async function run() {
    await tf.setBackend('wasm');
    const tensor = tf.tensor([1, 2, 3, 4]);
    const result = tensor.square();
    result.print(); // Output: Tensor [1, 4, 9, 16]
}
run();
```

O backend WebAssembly melhora significativamente o desempenho, especialmente em dispositivos com recursos limitados.

Aplicações Práticas

Editores de Imagem

Editores gráficos baseados em WebAssembly permitem manipular imagens diretamente no navegador com alto desempenho. Operações como redimensionamento, aplicação de filtros e ajustes de cor podem ser realizadas em tempo real, utilizando módulos otimizados.

Defina um filtro de escala de cinza em C:

c

```c
void grayscale(uint8_t* data, int width, int height) {
    for (int i = 0; i < width * height * 4; i += 4) {
        uint8_t gray = (data[i] + data[i + 1] + data[i + 2]) / 3;
        data[i] = data[i + 1] = data[i + 2] = gray;
    }
}
```

Compile o código para WebAssembly e integre a funcionalidade em uma aplicação web para editar imagens.

Jogos de Alta Performance

O WebAssembly é amplamente utilizado em motores de jogos como Unity e Unreal Engine para criar jogos que rodam diretamente no navegador. A renderização 3D e os cálculos de física podem ser delegados ao WebAssembly, garantindo uma experiência fluida.

Utilize Unity para exportar um jogo para WebAssembly:

1. Configure o Unity para compilar para WebGL.
2. Exporte o projeto e abra o jogo em qualquer navegador moderno.

Melhores Práticas no Desenvolvimento

1. **Modularize o Código**: Divida a aplicação em módulos menores e bem definidos para facilitar a manutenção e o teste.
2. **Otimize o Uso de Memória**: Utilize a memória linear

com eficiência, evitando alocações desnecessárias.

3. **Teste em Dispositivos Reais**: Certifique-se de que o desempenho e a compatibilidade sejam consistentes em diferentes navegadores e dispositivos.

4. **Utilize Ferramentas de Depuração**: Ferramentas como Chrome DevTools ajudam a identificar gargalos de desempenho em módulos WebAssembly.

O desenvolvimento de aplicações web com WebAssembly oferece uma maneira poderosa de combinar desempenho nativo com a acessibilidade da web. A integração com frameworks e bibliotecas reduz a complexidade do desenvolvimento, permitindo que os desenvolvedores foquem em criar experiências de usuário ricas e inovadoras. Dominar essas técnicas e ferramentas é essencial para aproveitar plenamente o potencial dessa tecnologia em projetos reais.

CAPÍTULO 12. TRABALHANDO COM WEBASSEMBLY PARA APLICATIVOS MÓVEIS

O uso do WebAssembly no desenvolvimento de aplicativos móveis está transformando a maneira como aplicações cross-platform são construídas. Essa tecnologia oferece uma solução eficiente para executar código de alto desempenho em dispositivos móveis, aproveitando o mesmo módulo WebAssembly tanto no navegador quanto em aplicativos nativos para Android e iOS. A flexibilidade do WebAssembly permite que desenvolvedores reduzam esforços de reimplementação e otimizem o desempenho de tarefas complexas.

O desenvolvimento cross-platform com WebAssembly é particularmente útil para aplicativos que dependem de lógica computacional intensiva, como jogos, editores gráficos, ferramentas científicas e aplicativos que utilizam aprendizado de máquina.

Usando WebAssembly no Desenvolvimento Cross-Platform

Integrar WebAssembly em um ambiente de aplicativo móvel geralmente envolve compilar o módulo WebAssembly, configurá-lo como parte do aplicativo e interagir com ele por meio de APIs nativas. Esse processo funciona de maneira semelhante em Android e iOS, com algumas diferenças na implementação e no uso das ferramentas de cada plataforma.

Configurando um Módulo WebAssembly

Um módulo WebAssembly pode ser criado em qualquer linguagem suportada, como C, C++ ou Rust. O módulo é compilado para o formato .wasm e incluído no projeto do aplicativo.

Um módulo que calcula a soma de dois números pode ser definido em C:

c

```c
int add(int a, int b) {
    return a + b;
}
```

Compile o módulo para WebAssembly utilizando o Emscripten:

bash

```bash
emcc add.c -o add.wasm -s EXPORTED_FUNCTIONS="['_add']"
```

Esse arquivo .wasm pode ser incluído em projetos Android ou iOS para uso no aplicativo.

Desenvolvendo para Android

O Android suporta a execução de WebAssembly por meio de navegadores baseados em WebView ou integrando o módulo diretamente no código nativo. Isso permite que o WebAssembly seja utilizado tanto em aplicativos híbridos quanto nativos.

Configurando o Ambiente

1. Adicione o módulo WebAssembly ao diretório de recursos do projeto Android.

2. Use uma biblioteca como org.wasm ou Javet para carregar e executar o módulo dentro de um contexto Java ou Kotlin.

Exemplo: Utilizando WebAssembly no Android

Inclua o módulo .wasm no diretório assets do projeto e carregue-o no aplicativo utilizando um WebView:

kotlin

```kotlin
import android.os.Bundle
import android.webkit.WebView
import androidx.appcompat.app.AppCompatActivity

class MainActivity : AppCompatActivity() {
    override fun onCreate(savedInstanceState: Bundle?) {
        super.onCreate(savedInstanceState)
        val webView = WebView(this)
        webView.settings.javaScriptEnabled = true
        webView.loadUrl("file:///android_asset/index.html")
        setContentView(webView)
    }
}
```

No arquivo index.html, o módulo WebAssembly pode ser carregado e usado:

html

```html
<!DOCTYPE html>
<html>
<head>
    <title>WebAssembly in Android</title>
</head>
<body>
    <script>
```

```
fetch('add.wasm')
  .then(response => response.arrayBuffer())
  .then(bytes => WebAssembly.instantiate(bytes, {}))
  .then(({ instance }) => {
    const result = instance.exports._add(5, 7);
    console.log(`Result: ${result}`); // Output: 12
  });
</script>
</body>
</html>
```

Usando WebAssembly com JNI

Se o aplicativo for nativo e utiliza JNI (Java Native Interface), o módulo WebAssembly pode ser chamado diretamente. Use bibliotecas como WasmEdge para integrar o módulo ao código nativo.

Desenvolvendo para iOS

No iOS, o WebAssembly é suportado por meio do WebKit, permitindo que módulos sejam executados em aplicativos híbridos baseados em WKWebView. O WebAssembly também pode ser integrado diretamente em projetos Swift ou Objective-C.

Configurando o Ambiente

1. Adicione o módulo .wasm ao projeto no Xcode.
2. Utilize WKWebView para carregar o módulo e executar suas funções.

Exemplo: Usando WebAssembly no iOS

Inclua o módulo WebAssembly no diretório Resources do projeto no Xcode e carregue-o com WKWebView:

swift

```swift
import UIKit
import WebKit

class ViewController: UIViewController {
    var webView: WKWebView!

    override func viewDidLoad() {
        super.viewDidLoad()

        webView = WKWebView(frame: self.view.frame)
        view.addSubview(webView)

        if let path = Bundle.main.path(forResource: "index",
ofType: "html") {
            let url = URL(fileURLWithPath: path)
            webView.loadFileURL(url, allowingReadAccessTo: url)
        }
    }
}
```

No arquivo HTML, carregue e execute o módulo WebAssembly da mesma forma que no Android:

html

```html
<!DOCTYPE html>
<html>
<head>
    <title>WebAssembly in iOS</title>
</head>
<body>
    <script>
        fetch('add.wasm')
```

```
    .then(response => response.arrayBuffer())
    .then(bytes => WebAssembly.instantiate(bytes, {}))
    .then(({ instance }) => {
        const result = instance.exports._add(10, 15);
        console.log(`Result: ${result}`); // Output: 25
    });
</script>
</body>
</html>
```

Usando WebAssembly em Aplicativos Nativos

Para integrar WebAssembly diretamente em um aplicativo nativo, bibliotecas como Wasm3 podem ser utilizadas para carregar e executar o módulo no ambiente nativo.

Casos Práticos

Jogos Mobile com WebAssembly

O WebAssembly pode ser usado para criar jogos que exigem alto desempenho gráfico e cálculos complexos. Um motor de física, por exemplo, pode ser implementado em C++ e compilado para WebAssembly, deixando a interface gráfica para ser gerenciada pelo framework nativo.

Aplicativos de Processamento de Imagens

Aplicativos móveis que manipulam imagens podem delegar tarefas como redimensionamento ou aplicação de filtros para módulos WebAssembly. Isso reduz o consumo de recursos do dispositivo e melhora a responsividade.

Ferramentas de Aprendizado de Máquina

Modelos de aprendizado de máquina podem ser executados em dispositivos móveis utilizando backends WebAssembly. Isso elimina a necessidade de enviar dados para processamento em nuvem, garantindo maior privacidade e menor latência.

Melhores Práticas

1. **Otimize o Código WebAssembly**: Utilize ferramentas como wasm-opt para reduzir o tamanho do módulo e melhorar o desempenho.
2. **Gerencie Memória com Eficiência**: Certifique-se de que a memória linear do WebAssembly seja utilizada de forma eficaz para evitar fragmentação.
3. **Teste em Diferentes Dispositivos**: Verifique a compatibilidade e o desempenho do módulo em uma ampla gama de dispositivos Android e iOS.
4. **Aproveite Ferramentas Existentes**: Bibliotecas como WasmEdge, Wasm3 e Emscripten simplificam o desenvolvimento e a integração.

O WebAssembly oferece uma abordagem poderosa para o desenvolvimento de aplicativos móveis, permitindo que tarefas de alto desempenho sejam executadas de forma eficiente em dispositivos Android e iOS. Sua compatibilidade cross-platform reduz a complexidade do desenvolvimento, enquanto sua integração com JavaScript e ambientes nativos permite criar experiências de usuário ricas e responsivas. Dominar o uso do WebAssembly em aplicativos móveis é essencial para desenvolver soluções inovadoras e escaláveis em um mercado cada vez mais competitivo.

CAPÍTULO 13. WEBASSEMBLY EM AMBIENTES SERVER-SIDE

O WebAssembly, amplamente conhecido por seu impacto no desenvolvimento web no lado do cliente, também tem demonstrado um enorme potencial em ambientes server-side. Ele oferece uma maneira de executar código altamente otimizado e seguro em servidores, complementando ou, em alguns casos, substituindo linguagens tradicionais de back-end. Com a integração de ferramentas como Node.js, o WebAssembly é usado para tarefas que exigem desempenho extremo, como processamento paralelo, cálculos intensivos e até mesmo execução segura de código de terceiros.

A capacidade de executar módulos WebAssembly no servidor fornece aos desenvolvedores a flexibilidade de reutilizar a mesma base de código tanto no front-end quanto no back-end, criando uma abordagem mais coesa para o desenvolvimento de aplicações modernas.

Aplicação em Servidores Usando Node.js

Node.js, conhecido por sua eficiência em operações assíncronas e suporte ao JavaScript, também suporta a execução de módulos WebAssembly. A API nativa do WebAssembly em Node.js permite carregar, compilar e executar arquivos .wasm, integrando-os diretamente às aplicações server-side.

Carregando e Executando um Módulo

Para usar WebAssembly no Node.js, um módulo .wasm pode ser carregado e instanciado com a função WebAssembly.instantiate. O exemplo abaixo demonstra como executar uma função simples de soma em um servidor Node.js.

Crie um módulo WebAssembly em C:

c

```c
int add(int a, int b) {
    return a + b;
}
```

Compile o código para WebAssembly:

bash

```bash
emcc add.c -o add.wasm -s EXPORTED_FUNCTIONS="['_add']"
```

No Node.js, carregue e execute o módulo:

javascript

```javascript
const fs = require('fs');

(async () => {
    const wasmBuffer = fs.readFileSync('add.wasm');
    const wasmModule = await
WebAssembly.instantiate(wasmBuffer);
    const add = wasmModule.instance.exports._add;
    console.log(add(10, 20)); // Output: 30
})();
```

Esse código lê o arquivo .wasm, o carrega em memória e utiliza a função exportada _add.

Integração com APIs

Em um servidor, funções WebAssembly podem ser integradas a APIs RESTful para processamento de dados intensivo. O exemplo abaixo ilustra um servidor Node.js que utiliza uma função WebAssembly para calcular o quadrado de um número recebido em uma requisição HTTP.

Defina a função em AssemblyScript:

typescript

```typescript
export function square(n: i32): i32 {
    return n * n;
}
```

Compile o código para WebAssembly:

bash

```bash
asc module.ts --outFile module.wasm
```

No Node.js, crie um servidor que utiliza o módulo:

javascript

```javascript
const http = require('http');
const fs = require('fs');

(async () => {
    const wasmBuffer = fs.readFileSync('module.wasm');
    const wasmModule = await
WebAssembly.instantiate(wasmBuffer);
    const square = wasmModule.instance.exports.square;

    const server = http.createServer((req, res) => {
        const url = new URL(req.url, `http://${req.headers.host}`);
        if (url.pathname === '/square') {
            const number =
```

```
parseInt(url.searchParams.get('number'), 10);
        const result = square(number);
        res.writeHead(200, { 'Content-Type': 'application/
json' });
        res.end(JSON.stringify({ result }));
    } else {
        res.writeHead(404);
        res.end();
    }
  });

  server.listen(3000, () => {
    console.log('Server running at http://localhost:3000/');
  });
})();
```

Ao acessar http://localhost:3000/square?number=5, **o servidor retorna** { "result": 25 }.

Uso com Multithreading

O WebAssembly pode ser combinado com Workers no Node.js para realizar tarefas paralelas. Isso é particularmente útil para aproveitar os núcleos de CPU em cálculos intensivos.

No Node.js, crie um Worker para executar WebAssembly:

javascript

```
const { Worker } = require('worker_threads');

const worker = new Worker(`
  const { parentPort } = require('worker_threads');
  const fs = require('fs');
  (async () => {
    const wasmBuffer = fs.readFileSync('module.wasm');
    const wasmModule = await
```

```
WebAssembly.instantiate(wasmBuffer);
    const square = wasmModule.instance.exports.square;
    parentPort.on('message', (number) => {
      parentPort.postMessage(square(number));
    });
  })();
`, { eval: true });

worker.on('message', (result) => {
  console.log(`Squared: ${result}`);
});

worker.postMessage(10); // Output: Squared: 100
```

Vantagens de Usar WebAssembly no Server-Side

1. **Desempenho Superior**
   O WebAssembly é ideal para tarefas computacionalmente intensivas, superando o desempenho de JavaScript puro em muitos casos.
2. **Portabilidade**
   Módulos WebAssembly podem ser reutilizados em diferentes ambientes, como navegadores, servidores e dispositivos IoT, garantindo consistência no desenvolvimento.
3. **Segurança**
   O ambiente isolado (sandboxing) do WebAssembly protege o servidor de código malicioso, tornando-o ideal para execução de código de terceiros.
4. **Integração com Linguagens Diversas**
   WebAssembly permite que código em linguagens como C, C++, Rust e Go seja utilizado no back-end,

ampliando o alcance de desenvolvedores de diferentes áreas.

5. **Eficiência no Uso de Recursos**
O WebAssembly consome menos memória e CPU em comparação com alternativas interpretadas, como scripts Python ou Ruby.

Desvantagens e Limitações

1. **Complexidade de Desenvolvimento**
A criação de módulos WebAssembly requer conhecimentos adicionais em linguagens como C ou Rust, além de ferramentas específicas.
2. **Latência na Inicialização**
O carregamento inicial de módulos WebAssembly pode ser mais lento devido ao processo de compilação e instância.
3. **Depuração Limitada**
Depurar código WebAssembly é mais difícil do que JavaScript, especialmente sem ferramentas avançadas configuradas.
4. **Ecossistema em Evolução**
Embora robusto, o suporte ao WebAssembly no lado do servidor ainda está em crescimento, com menos bibliotecas e frameworks disponíveis em comparação ao JavaScript.

Casos Práticos

Processamento de Dados em Tempo Real

WebAssembly é usado para processar grandes volumes de dados em servidores, como análise de logs ou processamento de transações financeiras. Um módulo WebAssembly pode calcular estatísticas de um conjunto de dados em alta velocidade.

Simulações Científicas

Simulações, como modelagem de previsão do tempo ou análises moleculares, podem ser executadas no servidor com WebAssembly, aproveitando sua eficiência em cálculos de precisão.

Plataformas de Execução Segura

Serviços que permitem execução de código de usuários, como plataformas de aprendizado online, utilizam WebAssembly para isolar e proteger o ambiente do servidor.

Melhores Práticas

1. **Modularize o Código**
   Divida tarefas complexas em módulos menores para facilitar a manutenção e otimização.
2. **Otimize o Desempenho**
   Use ferramentas como wasm-opt para reduzir o tamanho do módulo e melhorar a velocidade.
3. **Gerencie a Memória com Cuidado**
   Certifique-se de liberar memória alocada em módulos para evitar vazamentos.
4. **Teste em Cenários Reais**
   Avalie o desempenho do módulo em condições reais de uso, simulando cargas de trabalho do mundo real.

O uso do WebAssembly em ambientes server-side representa uma evolução no desenvolvimento de aplicações de alto desempenho. Sua capacidade de executar código seguro e eficiente amplia as possibilidades de utilização, desde processamento de dados em tempo real até execução de tarefas computacionalmente intensivas. Embora ainda existam desafios, as vantagens superam as limitações, tornando o WebAssembly uma tecnologia indispensável para o futuro do desenvolvimento server-side.

CAPÍTULO 14. WEBASSEMBLY E COMPUTAÇÃO PARALELA

A computação paralela é essencial para aproveitar ao máximo o desempenho de hardware moderno, como CPUs multicore e GPUs. O WebAssembly, embora originalmente projetado para ser executado em um único thread, evoluiu para suportar multithreading por meio de extensões como o uso de WebAssembly Threads em conjunto com a API Web Workers. Essa funcionalidade é particularmente poderosa para aplicações que exigem alto desempenho, como renderização gráfica, simulações científicas e processamento de dados em larga escala.

Explorar como o WebAssembly utiliza threads para realizar computação paralela permite criar aplicativos otimizados que maximizam a eficiência dos recursos disponíveis.

Uso de Threads em WebAssembly

O suporte a threads no WebAssembly permite que diferentes partes de um aplicativo sejam executadas simultaneamente, compartilhando memória linear entre threads. Isso é alcançado habilitando o recurso threads durante a compilação e utilizando as APIs associadas no navegador.

Configurando o Ambiente

Para usar threads em WebAssembly, é necessário configurar o ambiente de desenvolvimento e habilitar o suporte a threads durante a compilação. Ao utilizar o Emscripten, o recurso pode ser ativado com a flag -pthread.

Compile um módulo com suporte a threads:

bash

```bash
emcc -pthread -s USE_PTHREADS=1 -o module.js source.c
```

Essa configuração permite que o módulo utilize múltiplos threads e acesse a memória linear compartilhada.

Implementação de Computação Paralela

Criando um Módulo de Processamento Paralelo

Um exemplo simples de uso de threads é a soma de elementos de um grande array dividida entre múltiplos threads. O módulo a seguir é escrito em C:

c

```c
#include <pthread.h>
#include <stdio.h>

#define NUM_THREADS 4

typedef struct {
    int* array;
    int start;
    int end;
    int result;
} ThreadData;

void* sum_array(void* arg) {
    ThreadData* data = (ThreadData*)arg;
    data->result = 0;
    for (int i = data->start; i < data->end; i++) {
        data->result += data->array[i];
    }
```

```c
    return NULL;
}

int parallel_sum(int* array, int size) {
    pthread_t threads[NUM_THREADS];
    ThreadData thread_data[NUM_THREADS];
    int chunk_size = size / NUM_THREADS;

    for (int i = 0; i < NUM_THREADS; i++) {
        thread_data[i].array = array;
        thread_data[i].start = i * chunk_size;
        thread_data[i].end = (i == NUM_THREADS - 1) ? size : (i + 1)
* chunk_size;
        pthread_create(&threads[i], NULL, sum_array,
&thread_data[i]);
    }

    int total_sum = 0;
    for (int i = 0; i < NUM_THREADS; i++) {
        pthread_join(threads[i], NULL);
        total_sum += thread_data[i].result;
    }
    return total_sum;
}
```

Compile o módulo com suporte a threads:

bash

```bash
emcc -pthread -s USE_PTHREADS=1 -o sum.js sum.c
```

Integrando com JavaScript

No lado do JavaScript, o módulo é carregado e executado em um ambiente habilitado para threads:

javascript

```javascript
const { Worker } = require('worker_threads');

const wasmModule = require('./sum.js');

(async () => {
    const instance = await wasmModule();
    const array = new Int32Array(100000).fill(1); // Array de
100.000 elementos com valor 1
    const arrayPointer = instance._malloc(array.length *
array.BYTES_PER_ELEMENT);

    instance.HEAP32.set(array, arrayPointer /
array.BYTES_PER_ELEMENT);
    const result = instance._parallel_sum(arrayPointer,
array.length);

    console.log(`Soma paralela: ${result}`); // Output: Soma
paralela: 100000

    instance._free(arrayPointer);
})();
```

Esse exemplo utiliza múltiplos threads para dividir a tarefa de somar os elementos do array, aumentando o desempenho.

Otimização de Aplicativos para Alto Desempenho

O uso eficiente de threads e o design cuidadoso do aplicativo são fundamentais para alcançar alto desempenho em aplicativos WebAssembly. A seguir, algumas práticas recomendadas para otimização:

Minimizar Contenção de Recursos

A contenção ocorre quando múltiplos threads competem pelo mesmo recurso, como memória compartilhada. Para evitar isso, divida as tarefas de forma que os threads operem em regiões independentes da memória sempre que possível.

Reduzir a Comunicação entre Threads

A comunicação excessiva entre threads pode reduzir o desempenho devido ao tempo gasto em sincronização. Mantenha a troca de informações mínima e use primitivas de sincronização como mutexes e semáforos apenas quando necessário.

Otimizar o Uso de Memória Linear

A memória linear compartilhada entre threads deve ser utilizada de maneira eficiente. Alocar grandes blocos de memória antecipadamente e reutilizá-los pode reduzir a fragmentação e melhorar o desempenho.

Usar Estratégias de Balanceamento de Carga

Divida as tarefas entre threads de forma equitativa para garantir que todos os threads sejam utilizados de maneira uniforme. Isso evita que alguns threads fiquem ociosos enquanto outros estão sobrecarregados.

Casos Práticos

Renderização Gráfica em Tempo Real

A renderização de gráficos, como em motores de jogos ou simuladores, pode ser significativamente acelerada com WebAssembly e threads. Operações como cálculo de iluminação, mapeamento de texturas e manipulação de vértices podem ser paralelizadas para aproveitar múltiplos núcleos de CPU.

Processamento de Dados Científicos

Análises de dados intensivas, como simulações climáticas ou análises genômicas, podem utilizar WebAssembly para dividir cálculos complexos entre múltiplos threads, reduzindo o tempo de processamento.

Codificação de Vídeo e Áudio

A compressão e transcodificação de arquivos de mídia são tarefas ideais para computação paralela. Usando threads em WebAssembly, é possível dividir a tarefa em blocos menores e processá-los simultaneamente, acelerando significativamente o tempo de codificação.

Ferramentas de Depuração e Monitoramento

Depurar e monitorar aplicações paralelas é essencial para identificar gargalos e garantir que os threads estejam sendo utilizados de maneira eficiente.

1. **Chrome DevTools**: Permite inspecionar o uso de threads em aplicações baseadas em navegador.
2. **Perfetto**: Oferece rastreamento detalhado de threads e análise de desempenho.
3. **Ferramentas de Profiling**: Extensões de navegadores e ferramentas de linha de comando ajudam a analisar o comportamento do aplicativo em cenários reais.

A computação paralela com WebAssembly representa uma evolução significativa no desenvolvimento de aplicativos de alto desempenho. O uso de threads para dividir tarefas intensivas entre múltiplos núcleos de CPU permite que desenvolvedores aproveitem ao máximo o hardware moderno. Ao implementar estratégias eficazes de paralelização e otimização, é possível criar aplicativos rápidos, responsivos e escaláveis, atendendo às demandas de um mercado cada vez mais exigente. Dominar essas técnicas é essencial para construir soluções que aproveitem todo o potencial do WebAssembly em ambientes de computação paralela.

CAPÍTULO 15. SEGURANÇA NO WEBASSEMBLY

A segurança é uma preocupação central em qualquer tecnologia de desenvolvimento moderno, e o WebAssembly não é uma exceção. Projetado com a segurança como prioridade, o WebAssembly implementa uma série de proteções nativas que o tornam confiável para uso em navegadores e outros ambientes. No entanto, como qualquer tecnologia, ele não é completamente imune a vulnerabilidades, especialmente quando mal implementado ou usado em contextos inadequados.

Entender as proteções nativas do WebAssembly, as vulnerabilidades comuns que podem surgir e as práticas recomendadas para construir módulos seguros é essencial para proteger os usuários e os sistemas que utilizam essa tecnologia.

Proteções Nativas no WebAssembly

O design do WebAssembly incorpora várias proteções de segurança que ajudam a minimizar os riscos associados à execução de código não confiável. Entre as mais importantes estão:

Ambiente de Execução Isolado

O WebAssembly é executado em um ambiente de sandbox, isolado do sistema subjacente. Isso significa que o código WebAssembly não pode acessar diretamente os recursos do sistema operacional, como arquivos ou memória fora da sandbox. Essa abordagem reduz significativamente o risco de ataques como buffer overflows ou execução arbitrária de código.

Tipagem Estrita

O WebAssembly utiliza um sistema de tipos rigoroso, garantindo que cada instrução opere apenas nos tipos de dados esperados. Essa tipagem estrita evita comportamentos indefinidos e torna o WebAssembly mais resistente a erros de memória.

Controle de Acesso à Memória

A memória linear do WebAssembly é gerenciada de maneira que nenhum módulo pode acessar regiões de memória fora de seus limites alocados. Se um módulo tentar acessar um endereço inválido, o ambiente de execução interrompe a operação imediatamente.

Execução Determinística

O WebAssembly é projetado para ser determinístico, ou seja, o mesmo módulo produzirá os mesmos resultados em diferentes ambientes, desde que as entradas sejam idênticas. Essa característica ajuda a evitar inconsistências e comportamentos inesperados que poderiam ser explorados por invasores.

Modelo Baseado em Permissões

As interações com o ambiente externo, como APIs do navegador ou chamadas a sistemas externos, são restritas. O WebAssembly só pode realizar operações para as quais explicitamente recebeu permissões, geralmente através do JavaScript que o envolve.

Vulnerabilidades Comuns no WebAssembly

Embora o WebAssembly seja projetado para ser seguro, sua utilização inadequada pode introduzir vulnerabilidades. Algumas das mais comuns incluem:

Escalada de Privilégios

Se um módulo WebAssembly for configurado para acessar APIs ou recursos com privilégios elevados sem a devida validação, pode ser possível explorar essas permissões para realizar ações maliciosas.

Uso de Bibliotecas Não Seguras

Módulos WebAssembly muitas vezes dependem de bibliotecas externas, que podem conter vulnerabilidades conhecidas. Se essas bibliotecas não forem atualizadas regularmente, podem ser exploradas para comprometer a segurança do módulo.

Injeção de Código

Embora o WebAssembly em si seja protegido contra injeção direta, a integração com JavaScript pode ser um ponto fraco. Se um módulo WebAssembly confiar em entradas não validadas vindas do JavaScript, pode ser vulnerável a ataques como injeção de código.

Vazamento de Dados

Se o módulo WebAssembly não gerenciar corretamente a memória compartilhada com o JavaScript, informações sensíveis podem ser expostas inadvertidamente.

Configuração Imprópria do Ambiente

Um ambiente mal configurado pode permitir que o WebAssembly acesse recursos fora de sua sandbox ou se comporte de maneira inesperada.

Práticas Recomendadas para Manter Módulos Seguros

A implementação de práticas robustas de segurança é essencial para mitigar os riscos associados ao uso do WebAssembly. Abaixo estão algumas práticas recomendadas:

Valide Sempre as Entradas

Toda entrada recebida por um módulo WebAssembly, seja do JavaScript ou de outra fonte, deve ser validada rigorosamente. Isso evita que entradas malformadas ou maliciosas causem comportamentos inesperados.

javascript

```javascript
function validateInput(input) {
    if (typeof input !== 'number' || input < 0) {
        throw new Error('Invalid input');
    }
    return input;
}

const validatedInput = validateInput(userInput);
const result = wasmInstance.exports.process(validatedInput);
```

Limite as Permissões

Ao configurar o ambiente do WebAssembly, limite as permissões apenas ao que é estritamente necessário. Evite fornecer acesso desnecessário a APIs ou recursos externos.

Atualize Regularmente

Certifique-se de que todas as bibliotecas e dependências usadas pelo módulo WebAssembly estejam atualizadas para as versões mais recentes. Isso reduz o risco de exploração de vulnerabilidades conhecidas.

Use Ferramentas de Análise de Segurança

Utilize ferramentas especializadas para verificar a segurança do código WebAssembly. Ferramentas como wasm-opt podem identificar potenciais problemas de segurança e ajudar a otimizar o módulo.

Monitore e Registre Atividades

Implemente monitoramento contínuo para registrar todas as interações com o módulo WebAssembly. Isso facilita a detecção e resposta a atividades suspeitas.

Evite Dependências Desnecessárias

Reduza ao mínimo as bibliotecas e ferramentas utilizadas no módulo WebAssembly. Menos dependências significam menos oportunidades para vulnerabilidades.

Configure o CSP (Content Security Policy)

Configure uma política de segurança de conteúdo (CSP) rigorosa para limitar os scripts e recursos que podem ser carregados em uma página que utiliza WebAssembly.

html

```html
<meta http-equiv="Content-Security-Policy" content="default-src 'self'; script-src 'self';">
```

Essa configuração ajuda a mitigar ataques de injeção e execução de scripts não autorizados.

Teste em Ambientes Reais

Realize testes de penetração e análise de segurança em ambientes de produção para identificar e corrigir vulnerabilidades que podem não ser detectadas em ambientes de desenvolvimento.

Exemplos Práticos de Segurança

Implementação de Memória Segura

Gerencie a memória linear para evitar vazamentos de dados. Certifique-se de que todas as alocações de memória sejam liberadas quando não forem mais necessárias.

c

```c
void clear_memory(uint8_t* data, size_t size) {
    for (size_t i = 0; i < size; i++) {
        data[i] = 0;
    }
}
```

Proteção contra Entradas Maliciosas

Ao implementar funções que processam dados de entrada, sempre verifique o tamanho e o tipo dos dados antes de processá-los.

c

```c
int process_input(uint8_t* input, size_t length) {
    if (length > MAX_LENGTH) {
```

```
    return -1; // Entrada muito longa
}
// Continue o processamento
return 0;
}
```

Sandboxing Adicional

Se o WebAssembly for usado em conjunto com bibliotecas nativas ou código de terceiros, considere usar ferramentas adicionais de sandboxing para isolar ainda mais o código.

A segurança no WebAssembly é um componente essencial para sua adoção em aplicações modernas. Embora o WebAssembly ofereça várias proteções nativas, a responsabilidade de implementar práticas seguras recai sobre os desenvolvedores. Validação de entradas, gerenciamento adequado de memória, restrição de permissões e monitoramento contínuo são passos cruciais para garantir a segurança dos módulos WebAssembly. Ao seguir essas práticas, os desenvolvedores podem aproveitar os benefícios do WebAssembly com confiança, criando soluções poderosas e seguras para o futuro da tecnologia.

CAPÍTULO 16. DEPURAÇÃO E TESTES

O desenvolvimento eficiente de aplicativos com WebAssembly depende não apenas da criação de código funcional, mas também da capacidade de depurar e testar módulos de maneira abrangente. Ferramentas de debugging e estratégias bem definidas para testes unitários e de integração desempenham um papel fundamental na entrega de soluções confiáveis e robustas. Este capítulo explora os métodos e ferramentas disponíveis para depurar módulos WebAssembly, além de estratégias práticas para implementar testes em diferentes estágios do ciclo de desenvolvimento.

Ferramentas de Debugging para WebAssembly

Depurar código WebAssembly pode ser desafiador devido ao seu formato binário compacto, mas diversas ferramentas foram desenvolvidas para ajudar nessa tarefa, fornecendo insights detalhados sobre o comportamento do módulo durante a execução.

Chrome DevTools

O Chrome DevTools oferece suporte nativo para depuração de WebAssembly, permitindo inspecionar chamadas de funções, verificar o estado da memória e analisar a execução em tempo real. Para utilizar o Chrome DevTools com WebAssembly:

1. Abra o navegador Chrome e acesse a aba "Sources".
2. Carregue o módulo WebAssembly na aplicação.
3. No painel "Threads", localize o módulo .wasm e expanda para visualizar o código em formato de instruções WebAssembly.

Adicione um ponto de interrupção em uma função específica para pausar a execução e analisar o fluxo de dados. Isso é útil para identificar problemas em chamadas de funções ou erros de lógica.

javascript

```javascript
fetch('module.wasm')
  .then(response => response.arrayBuffer())
  .then(bytes => WebAssembly.instantiate(bytes, {}))
  .then(({ instance }) => {
    debugger; // Pausa a execução para inspeção
    console.log(instance.exports.myFunction(5));
  });
```

Firefox Developer Tools

O Firefox Developer Tools também fornece suporte abrangente para depuração de WebAssembly. Ele permite visualizar os arquivos .wasm, inspecionar a memória e analisar o fluxo de execução. A funcionalidade é semelhante ao Chrome DevTools, mas oferece algumas ferramentas adicionais para perfis de desempenho.

Ferramentas de Linha de Comando

Ferramentas como wasm-interp e wasm2wat permitem depurar módulos diretamente da linha de comando. Elas são particularmente úteis para ambientes de servidor ou sistemas sem interface gráfica.

- **wasm-interp**: Permite executar módulos WebAssembly passo a passo.
- **wasm2wat**: Converte o código binário em um formato legível em texto (WAT), facilitando a inspeção.

bash

```
wasm2wat module.wasm -o module.wat
```

O arquivo gerado pode ser analisado para identificar problemas no código.

Profilers e Analisadores de Memória

Ferramentas como Perfetto e extensões de navegadores ajudam a analisar o uso de CPU e memória, permitindo identificar gargalos de desempenho em módulos WebAssembly.

Estratégias para Testes Unitários e de Integração

Os testes desempenham um papel crucial na validação do comportamento esperado de módulos WebAssembly. Eles garantem que o código funcione conforme projetado, mesmo quando integrado a outros sistemas ou ao longo de futuras atualizações.

Testes Unitários

Testes unitários verificam a funcionalidade de componentes individuais, como funções exportadas de um módulo WebAssembly. O objetivo é garantir que cada parte do código funcione isoladamente e de maneira correta.

1. **Configuração do Ambiente**
   Utilize bibliotecas de teste, como mocha ou jest,
   em conjunto com um módulo WebAssembly. Essas
   bibliotecas facilitam a criação e execução de testes.
2. **Exemplo de Teste Unitário**

Considere uma função em C que calcula a área de um círculo:

c

```c
#include <math.h>

double calculate_area(double radius) {
    return M_PI * radius * radius;
}
```

Compile a função para WebAssembly:

bash

```bash
emcc area.c -o area.wasm -s
EXPORTED_FUNCTIONS="['_calculate_area']"
```

No JavaScript, escreva um teste unitário usando mocha:

javascript

```javascript
const assert = require('assert');
const fs = require('fs');

describe('calculate_area', () => {
    let instance;

    before(async () => {
        const buffer = fs.readFileSync('area.wasm');
        const module = await WebAssembly.instantiate(buffer);
        instance = module.instance;
```

```
  });

  it('should calculate the area of a circle with radius 1', () => {
    const result = instance.exports._calculate_area(1.0);
    assert.strictEqual(result.toFixed(2), (Math.PI).toFixed(2));
  });

  it('should calculate the area of a circle with radius 0', () => {
    const result = instance.exports._calculate_area(0.0);
    assert.strictEqual(result, 0.0);
  });
});
```

Execute o teste com o comando:

bash

```
mocha test.js
```

Testes de Integração

Os testes de integração verificam como diferentes componentes de um sistema interagem, garantindo que os módulos WebAssembly funcionem corretamente em conjunto com APIs, bancos de dados ou interfaces de usuário.

1. **Configuração de Testes de Integração**
   Use ferramentas como supertest para testar APIs que utilizam WebAssembly no back-end.
2. **Exemplo de Teste de Integração**

Considere uma API que utiliza WebAssembly para calcular a soma de dois números:

javascript

```
const express = require('express');
```

```javascript
const fs = require('fs');
const app = express();

let wasmInstance;

(async () => {
    const buffer = fs.readFileSync('sum.wasm');
    const module = await WebAssembly.instantiate(buffer);
    wasmInstance = module.instance;
})();

app.get('/sum', (req, res) => {
    const { a, b } = req.query;
    const result = wasmInstance.exports._add(parseInt(a),
parseInt(b));
    res.json({ result });
});

app.listen(3000, () => console.log('Server running on port
3000'));
```

Crie um teste de integração para verificar a API:

javascript

```javascript
const request = require('supertest');
const app = require('./app'); // Importa o servidor Express

describe('GET /sum', () => {
    it('should return the sum of 5 and 7', async () => {
        const response = await request(app).get('/sum?a=5&b=7');
        expect(response.body.result).toBe(12);
    });

    it('should handle invalid input', async () => {
        const response = await request(app).get('/sum?
a=5&b=invalid');
        expect(response.status).toBe(400);
```

```
    });
});
```

Execute o teste com o comando:

bash

jest

Melhores Práticas para Depuração e Testes

1. **Use Ferramentas Adequadas**
   Escolha ferramentas de depuração e teste que sejam
   compatíveis com o ambiente de desenvolvimento,
   como Chrome DevTools para o navegador ou
   wasm2wat para análise estática.
2. **Automatize os Testes**
   Configure pipelines de integração contínua (CI) para
   executar testes automaticamente em cada atualização
   de código.
3. **Escreva Testes para Casos Extremos**
   Certifique-se de testar entradas fora do comum para
   identificar possíveis vulnerabilidades ou falhas de
   lógica.
4. **Monitore o Uso de Recursos**
   Utilize ferramentas de profiling para garantir que
   o módulo WebAssembly não esteja consumindo
   recursos excessivos, como memória ou CPU.
5. **Valide a Compatibilidade entre Ambientes**
   Teste o módulo em diferentes navegadores, sistemas
   operacionais e dispositivos para garantir um
   comportamento consistente.

Depuração e testes são elementos indispensáveis para garantir a qualidade de aplicativos que utilizam WebAssembly. Ferramentas modernas e estratégias bem definidas permitem identificar e corrigir problemas de maneira eficiente, enquanto os testes garantem que o código funcione conforme o esperado em todos os cenários. Ao adotar essas práticas, os desenvolvedores podem criar soluções confiáveis e escaláveis, maximizando o potencial do WebAssembly em aplicações modernas.

CAPÍTULO 17. FRAMEWORKS POPULARES COM SUPORTE A WEBASSEMBLY

O WebAssembly tem transformado a maneira como desenvolvedores abordam o desempenho e a portabilidade em aplicações modernas. Para maximizar seu potencial, uma série de frameworks foi desenvolvida com suporte nativo ou extensões para WebAssembly, facilitando a integração e utilização dessa tecnologia. Frameworks como Blazor e Wasmtime oferecem abordagens diferentes para integrar WebAssembly em projetos, permitindo desde a criação de interfaces web interativas até a execução de módulos em servidores e ambientes desktop.

Este capítulo explora as funcionalidades desses frameworks e apresenta exemplos práticos de como usá-los para criar soluções eficientes e escaláveis.

Blazor

Blazor é um framework da Microsoft que permite o desenvolvimento de aplicações web interativas utilizando C#. Ele suporta o uso de WebAssembly para executar código C# diretamente no navegador, eliminando a necessidade de JavaScript para muitas tarefas. Isso o torna uma escolha ideal para desenvolvedores que já possuem experiência no ecossistema .NET.

Configuração do Ambiente

Instale o SDK do .NET mais recente:

bash

```
dotnet --version
```

Crie um novo projeto Blazor:

bash

```
dotnet new blazorwasm -o BlazorApp
cd BlazorApp
```

Execute a aplicação:

bash

```
dotnet run
```

Acesse o endereço exibido no terminal para visualizar a aplicação Blazor rodando no navegador.

Criando um Componente Blazor

Os componentes Blazor são definidos em arquivos .razor. Um exemplo simples é um contador interativo:

razor

```
@page "/counter"

<h3>Counter</h3>

<p>Current count: @currentCount</p>
```

```
<button @onclick="IncrementCount">Click me</button>

@code {
    private int currentCount = 0;

    private void IncrementCount() {
        currentCount++;
    }
}
```

Ao adicionar esse código ao projeto, o Blazor renderiza uma página com um botão que incrementa o contador sempre que é clicado.

Integração com WebAssembly

Blazor permite que bibliotecas nativas em C++ ou Rust sejam integradas usando WebAssembly. Um exemplo é a integração de uma biblioteca C++ que realiza cálculos matemáticos.

Defina uma função em C++ para calcular a raiz quadrada de um número:

c++

```
#include <cmath>

extern "C" {
    double calculate_square_root(double value) {
        return sqrt(value);
    }
}
```

Compile o código para WebAssembly utilizando Emscripten:

bash

```
emcc -o math.wasm math.cpp -s
EXPORTED_FUNCTIONS="['_calculate_square_root']"
```

No Blazor, carregue e utilize o módulo WebAssembly:

razor

```razor
@page "/math"

<h3>Square Root Calculator</h3>

<input type="number" @bind="inputValue" />
<button @onclick="CalculateSquareRoot">Calculate</button>

<p>Result: @result</p>

@code {
    private double inputValue = 0;
    private double result = 0;

    private async Task CalculateSquareRoot() {
        var module = await
WebAssemblyRuntime.LoadWasmModuleAsync("math.wasm")
;
        var instance = await
WebAssemblyRuntime.InstantiateAsync(module);
        var calculateSquareRoot = instance.GetFunction<double,
double>("_calculate_square_root");
        result = calculateSquareRoot(inputValue);
    }
}
```

Essa abordagem demonstra como o Blazor pode combinar C# e WebAssembly para criar aplicações web poderosas.

Wasmtime

Wasmtime é um runtime para WebAssembly que permite executar módulos em diferentes ambientes, como servidores, desktops e dispositivos embarcados. Ele oferece uma interface simples e suporte a linguagens como Rust e Python, tornando-se uma escolha ideal para projetos que exigem desempenho e portabilidade.

Configuração do Ambiente

Instale o Wasmtime:

bash

```
curl https://wasmtime.dev/install.sh -sSf | bash
```

Verifique a instalação:

bash

```
wasmtime --version
```

Criando e Executando um Módulo

Um módulo WebAssembly que realiza a multiplicação de dois números pode ser escrito em Rust:

rust

```
#[no_mangle]
pub extern "C" fn multiply(a: i32, b: i32) -> i32 {
    a * b
}
```

Compile o módulo para WebAssembly:

bash

```
rustc --target=wasm32-unknown-unknown -O -o
multiply.wasm multiply.rs
```

Execute o módulo utilizando o Wasmtime:

bash

```
wasmtime multiply.wasm --invoke multiply 5 10
```

O resultado 50 será exibido no terminal.

Integração com Linguagens de Programação

Wasmtime suporta integração com várias linguagens. Um exemplo prático em Python utiliza o módulo wasmtime:

python

```
from wasmtime import Store, Module, Instance

store = Store()
module = Module.from_file(store.engine, "multiply.wasm")
instance = Instance(store, module, [])

multiply = instance.exports(store)["multiply"]
result = multiply(store, 6, 7)
print(f"Result: {result}")  # Output: Result: 42
```

Esse exemplo mostra como o Wasmtime facilita a execução de módulos WebAssembly em aplicações Python.

Casos Práticos de Uso

Aplicações Empresariais com Blazor

Empresas podem usar Blazor para criar portais interativos e ferramentas de gestão interna. Por exemplo, um sistema de análise financeira pode integrar WebAssembly para realizar cálculos complexos no navegador, garantindo que os dados nunca deixem o dispositivo do usuário.

Sistemas Distribuídos com Wasmtime

Wasmtime é ideal para executar módulos WebAssembly em sistemas distribuídos. Um serviço de processamento de imagens pode ser projetado para distribuir tarefas de compressão e redimensionamento entre múltiplos servidores, garantindo alto desempenho e escalabilidade.

Aplicativos Educacionais

Frameworks como Blazor e Wasmtime podem ser usados para criar plataformas educacionais interativas que simulam experimentos científicos ou oferecem aprendizado baseado em jogos.

Vantagens de Usar Frameworks

1. **Produtividade Melhorada**
   Frameworks como Blazor fornecem ferramentas e abstrações que simplificam o desenvolvimento, reduzindo o tempo necessário para criar aplicações complexas.
2. **Integração Simples com WebAssembly**
   Tanto Blazor quanto Wasmtime oferecem métodos simples para integrar e utilizar módulos WebAssembly, permitindo que desenvolvedores foquem na lógica de negócios.
3. **Portabilidade**
   O suporte cross-platform de Wasmtime facilita a execução de aplicações em diferentes ambientes sem

alterações significativas no código.

4. **Comunidade Ativa e Documentação**
Frameworks populares possuem comunidades ativas que contribuem com soluções, plugins e exemplos.

Desafios e Limitações

1. **Curva de Aprendizado**
Para desenvolvedores que não estão familiarizados com WebAssembly ou os frameworks, pode haver uma curva de aprendizado inicial.

2. **Compatibilidade**
Certos recursos avançados podem não ser suportados em todos os navegadores ou runtimes.

3. **Depuração**
Depurar módulos WebAssembly integrados a frameworks pode ser mais complexo do que depurar aplicações puramente em JavaScript ou C#.

Frameworks como Blazor e Wasmtime mostram como o WebAssembly está sendo integrado a diversas áreas do desenvolvimento de software, desde aplicações web até sistemas distribuídos. A combinação de WebAssembly com esses frameworks oferece um potencial significativo para criar soluções eficientes, portáveis e de alto desempenho. Ao explorar essas ferramentas, desenvolvedores podem construir aplicações que aproveitam ao máximo o poder do WebAssembly, mantendo a produtividade e a flexibilidade necessárias para atender às demandas do mercado moderno.

CAPÍTULO 18. INTEGRAÇÃO COM TECNOLOGIAS EMERGENTES

O avanço da tecnologia tem impulsionado a integração do WebAssembly com áreas como inteligência artificial (IA) e machine learning (ML). Essas integrações criam oportunidades para executar modelos de IA diretamente em navegadores, dispositivos embarcados ou ambientes server-side com alto desempenho e portabilidade. O WebAssembly se destaca por sua capacidade de lidar com processamento intensivo de dados enquanto oferece a segurança e a flexibilidade necessárias para projetos que envolvem tecnologias emergentes.

Este capítulo explora como o WebAssembly está sendo utilizado em IA e ML, apresentando casos práticos e estudos que demonstram seu impacto no desenvolvimento de soluções modernas.

Uso de WebAssembly em IA e Machine Learning

A aplicação do WebAssembly em IA e ML permite a execução de modelos e algoritmos em dispositivos locais, sem a necessidade de servidores ou serviços em nuvem. Isso melhora a privacidade, reduz a latência e permite que aplicações aproveitem o potencial computacional dos dispositivos do usuário.

Principais Benefícios

1. **Execução Local**
   Modelos de IA podem ser executados diretamente no navegador ou no dispositivo, eliminando a necessidade de transferir dados sensíveis para servidores remotos.

2. **Portabilidade**
   Módulos WebAssembly podem ser executados em uma ampla variedade de plataformas, desde navegadores até dispositivos IoT.

3. **Desempenho Melhorado**
   O formato binário otimizado do WebAssembly permite a execução rápida de cálculos intensivos, essenciais para IA e ML.

4. **Flexibilidade**
   WebAssembly pode ser combinado com linguagens como Python, Rust e C++, que são amplamente utilizadas em projetos de IA.

Ferramentas e Frameworks

TensorFlow.js

O TensorFlow.js, uma biblioteca popular de machine learning, oferece suporte ao backend WebAssembly, permitindo que modelos sejam treinados e inferidos diretamente no navegador com desempenho otimizado.

Instale o TensorFlow.js e o backend WebAssembly:

bash

```
npm install @tensorflow/tfjs @tensorflow/tfjs-backend-wasm
```

Configure o backend WebAssembly em um projeto:

javascript

```
import * as tf from '@tensorflow/tfjs';
import '@tensorflow/tfjs-backend-wasm';

async function run() {
    await tf.setBackend('wasm');
    const model = await tf.loadLayersModel('path/to/
model.json');
    const input = tf.tensor([1, 2, 3, 4]);
    const output = model.predict(input);
    output.print();
}
run();
```

Essa abordagem permite que modelos complexos sejam utilizados localmente, com baixa latência e alta eficiência.

ONNX Runtime

O ONNX (Open Neural Network Exchange) é um padrão aberto para representações de modelos de IA, e seu runtime suporta WebAssembly para executar modelos em dispositivos de borda ou navegadores.

Instale o ONNX Runtime com suporte a WebAssembly:

bash

```
npm install onnxruntime-web
```

Carregue e execute um modelo ONNX em um navegador:

javascript

```
import { InferenceSession } from 'onnxruntime-web';

async function run() {
```

```javascript
const session = await InferenceSession.create('model.onnx');
const input = new Float32Array([1, 2, 3, 4]);
const tensor = new ort.Tensor('float32', input, [1, 4]);
const output = await session.run({ input: tensor });
console.log(output);
}
run();
```

Rust e WASI para IA

Rust é amplamente utilizado para projetos de alto desempenho, e sua integração com WebAssembly e WASI (WebAssembly System Interface) oferece um ambiente poderoso para implementar algoritmos de IA.

Defina um modelo simples de regressão linear em Rust:

rust

```rust
#[no_mangle]
pub extern "C" fn predict(x: f64, slope: f64, intercept: f64) -> f64
{
    slope * x + intercept
}
```

Compile o código para WebAssembly:

bash

```bash
rustc --target=wasm32-wasi -O -o model.wasm model.rs
```

Integre o módulo em um ambiente server-side com Node.js:

javascript

```javascript
const fs = require('fs');
const wasi = require('wasi');
```

```javascript
const { WASI } = wasi;
const { WebAssembly } = require('webassembly');

const wasiInstance = new WASI({});
const wasmBuffer = fs.readFileSync('model.wasm');

(async () => {
  const instance = await
WebAssembly.instantiate(wasmBuffer,
{ wasi_snapshot_preview1: wasiInstance.wasiImport });
  const predict = instance.exports.predict;
  console.log(predict(10, 2, 5)); // Output: 25
})();
```

Casos Práticos

Processamento de Imagens com IA no Navegador

Aplicações de edição de imagens podem usar IA para aplicar filtros ou detectar objetos diretamente no navegador. O backend WebAssembly do TensorFlow.js é ideal para processar imagens localmente.

Crie um filtro que realce bordas em imagens:

javascript

```javascript
import * as tf from '@tensorflow/tfjs';
import '@tensorflow/tfjs-backend-wasm';

async function applyEdgeFilter(imageData) {
  await tf.setBackend('wasm');
  const input = tf.browser.fromPixels(imageData);
  const filter = tf.tensor2d([[0, -1, 0], [-1, 4, -1], [0, -1, 0]], [3, 3]);
  const filtered = tf.conv2d(input, filter, [1, 1], 'same');
  return tf.browser.toPixels(filtered);
}
```

Essa aplicação pode ser usada para criar editores de imagem

avançados, totalmente baseados em navegador.

Inferência de Modelos em Dispositivos IoT

Dispositivos IoT podem usar WebAssembly para executar inferências localmente, economizando largura de banda e garantindo respostas rápidas.

Utilize o ONNX Runtime em um dispositivo IoT para detectar anomalias em dados:

javascript

```javascript
import { InferenceSession } from 'onnxruntime-web';

async function detectAnomaly(data) {
    const session = await InferenceSession.create('anomaly-detection.onnx');
    const tensor = new ort.Tensor('float32', new Float32Array(data), [1, data.length]);
    const output = await session.run({ input: tensor });
    return output.anomaly_score.data;
}
```

Essa abordagem é eficaz para aplicações como monitoramento industrial e manutenção preditiva.

Sistemas de Recomendação

Aplicações como e-commerce ou streaming de conteúdo podem usar WebAssembly para executar modelos de recomendação diretamente no navegador ou no servidor.

Implemente um sistema de recomendação simples com Rust e WebAssembly:

rust

```rust
#[no_mangle]
```

```
pub extern "C" fn recommend(user_id: i32) -> i32 {
    // Retorna um ID de item recomendado com base no user_id
    user_id % 10
}
```

Compile para WebAssembly e integre com um front-end para sugerir produtos ou conteúdos personalizados.

Estudos de Caso

Plataformas Educacionais

Plataformas educacionais têm integrado WebAssembly para executar simulações científicas e algoritmos de aprendizado adaptativo diretamente nos navegadores dos alunos, garantindo interatividade e desempenho em tempo real.

Aplicações em Saúde

Em sistemas de diagnóstico médico, WebAssembly é utilizado para executar modelos de classificação de imagens, como detecção de células anormais em exames de sangue, diretamente em dispositivos médicos.

Melhores Práticas

1. **Otimize os Modelos**
   Use ferramentas como TensorFlow Lite para reduzir o tamanho dos modelos antes de integrá-los ao WebAssembly.
2. **Gerencie a Memória com Cuidado**
   Certifique-se de liberar recursos alocados para evitar

consumo excessivo de memória durante a execução de inferências.

3. **Teste em Diferentes Ambientes**
Verifique o comportamento e o desempenho dos módulos em navegadores, servidores e dispositivos embarcados.

4. **Adapte para Dispositivos com Recursos Limitados**
Projete modelos e algoritmos para funcionar bem em dispositivos com restrições de CPU ou memória.

A integração do WebAssembly com IA e machine learning está redefinindo os limites da tecnologia, permitindo a criação de aplicações inteligentes, rápidas e seguras em uma ampla variedade de dispositivos e ambientes. Ao explorar as ferramentas e práticas descritas neste capítulo, os desenvolvedores podem criar soluções inovadoras que aproveitam todo o potencial dessas tecnologias emergentes, moldando o futuro da computação moderna.

CAPÍTULO 19. WEBASSEMBLY NO CONTEXTO EMPRESARIAL

O WebAssembly tem se destacado como uma tecnologia disruptiva no mundo empresarial, oferecendo soluções para problemas que antes limitavam o desempenho e a portabilidade de aplicações. Com sua capacidade de executar código de alto desempenho em navegadores e outros ambientes, o WebAssembly está sendo amplamente adotado por empresas em setores como finanças, tecnologia, jogos e saúde. Este capítulo explora como as organizações estão aproveitando o WebAssembly para impulsionar a inovação e apresenta exemplos de sucesso no mercado.

Como Empresas Estão Adotando WebAssembly

Empresas de todos os tamanhos estão descobrindo que o WebAssembly pode melhorar significativamente o desempenho e a experiência do usuário em aplicações web e móveis. Ele também possibilita novas abordagens para arquitetura de sistemas, integração de linguagens de programação e implantação de soluções mais seguras.

Casos de Uso Comuns

1. **Desempenho Aprimorado em Aplicações Web**
   Organizações estão utilizando WebAssembly para reduzir o tempo de carregamento de páginas e acelerar tarefas computacionalmente intensivas diretamente

no navegador.

2. **Portabilidade de Código**

Empresas que trabalham com linguagens como C++ ou Rust estão usando WebAssembly para reutilizar bibliotecas existentes em plataformas web, sem a necessidade de reescrever código.

3. **Execução Segura de Código de Terceiros**

Plataformas que permitem a execução de scripts personalizados de usuários adotam WebAssembly para isolar o código e minimizar riscos de segurança.

4. **Integração de Aplicações Desktop e Web**

Ferramentas empresariais que antes eram restritas ao desktop estão sendo migradas para o navegador com WebAssembly, mantendo o mesmo desempenho e recursos.

Benefícios do WebAssembly no Contexto Empresarial

1. **Desempenho Sem Compromissos**

O WebAssembly oferece desempenho próximo ao de código nativo, permitindo que empresas implementem funcionalidades complexas, como modelagem financeira e renderização gráfica, sem penalidades de desempenho.

2. **Redução de Custos com Infraestrutura**

Aplicações otimizadas para execução local reduzem a carga em servidores, diminuindo custos operacionais.

3. **Escalabilidade e Portabilidade**

Com o WebAssembly, o mesmo módulo pode ser executado em navegadores, servidores e dispositivos embarcados, facilitando o desenvolvimento de soluções escaláveis.

4. **Melhoria na Experiência do Usuário**

Aplicações mais rápidas e responsivas aumentam a satisfação do usuário, especialmente em mercados competitivos.

5. **Segurança Aprimorada**

   O ambiente isolado do WebAssembly protege contra falhas de memória e execução de código malicioso, proporcionando maior confiança no uso corporativo.

Exemplos de Sucesso no Mercado

Adobe

A Adobe utiliza WebAssembly em ferramentas como o Adobe Photoshop e o Acrobat para permitir que funcionalidades avançadas sejam executadas diretamente no navegador. Isso elimina a necessidade de instalações locais e torna as ferramentas acessíveis de qualquer dispositivo.

A migração de partes do Adobe Photoshop para o navegador foi possível com o uso de WebAssembly para portar bibliotecas nativas escritas em C++. Essas bibliotecas incluem algoritmos de manipulação de imagens, como filtros e ajustes de cores, que agora podem ser executados com desempenho semelhante ao de aplicações desktop.

Autodesk

A Autodesk, conhecida por seus softwares de design como o AutoCAD, usa WebAssembly para oferecer versões web de suas ferramentas. Com isso, engenheiros e designers podem acessar projetos diretamente no navegador, eliminando a necessidade de hardware especializado.

Um exemplo é a ferramenta Fusion 360, que permite a renderização de modelos 3D diretamente no navegador, utilizando WebAssembly para cálculos de geometria e renderização de alta qualidade.

Figma

O Figma, uma plataforma de design colaborativo, foi uma das primeiras empresas a adotar o WebAssembly para melhorar o desempenho de sua aplicação web. Ele utiliza WebAssembly para renderizar gráficos vetoriais e manipular grandes conjuntos de dados em tempo real, garantindo uma experiência fluida para equipes de design.

Dropbox

A Dropbox utiliza WebAssembly em sua interface web para acelerar operações como upload e download de arquivos. Ele permite compressão e descompressão diretamente no navegador, reduzindo a carga nos servidores e melhorando o tempo de resposta.

Google

O Google integra WebAssembly em diversas de suas plataformas, incluindo o Google Earth. A versão web do Google Earth é um exemplo notável de como o WebAssembly pode ser usado para renderizar gráficos complexos e manipular grandes volumes de dados geoespaciais diretamente no navegador.

Implementação em Projetos Empresariais

Arquitetura de Aplicações com WebAssembly

Empresas estão adotando arquiteturas híbridas que utilizam WebAssembly para melhorar o desempenho em áreas críticas, enquanto mantêm a flexibilidade de linguagens de alto nível como JavaScript ou Python.

Por exemplo, em uma aplicação de processamento financeiro, cálculos de risco podem ser delegados a um módulo

WebAssembly escrito em Rust:

Código Rust para Cálculo de Risco:

rust

```rust
#[no_mangle]
pub extern "C" fn calculate_risk(amount: f64, rate: f64) -> f64 {
    amount * rate
}
```

Compile o módulo para WebAssembly:

bash

```bash
rustc --target=wasm32-unknown-unknown -O -o
risk_calculator.wasm risk_calculator.rs
```

Integração em uma API com Node.js:

javascript

```javascript
const fs = require('fs');

(async () => {
    const buffer = fs.readFileSync('risk_calculator.wasm');
    const module = await WebAssembly.instantiate(buffer);
    const calculateRisk =
module.instance.exports.calculate_risk;

    const amount = 10000;
    const rate = 0.05;
    const risk = calculateRisk(amount, rate);
    console.log(`Calculated Risk: ${risk}`); // Output: Calculated
```

```
Risk: 500
})();
```

Migração de Aplicações Existentes

Empresas com software legado estão usando WebAssembly para migrar partes críticas de suas aplicações para o navegador. Isso reduz custos de manutenção e amplia o alcance das soluções.

Por exemplo, uma ferramenta de análise estatística escrita em C++ pode ser portada para WebAssembly, permitindo sua utilização em navegadores sem perder a precisão e o desempenho.

Desenvolvimento de Novos Produtos

Startups e empresas inovadoras estão adotando WebAssembly como uma base para criar novos produtos. Sua flexibilidade permite o desenvolvimento rápido de protótipos que podem ser testados em diferentes plataformas.

Desafios e Considerações

Apesar de suas vantagens, a adoção do WebAssembly no contexto empresarial apresenta desafios que devem ser abordados:

1. **Curva de Aprendizado**
   Desenvolvedores precisam aprender a trabalhar com novas ferramentas e linguagens que oferecem suporte ao WebAssembly.
2. **Tamanho do Módulo**
   Módulos WebAssembly podem ser grandes, aumentando o tempo de carregamento inicial em

redes lentas.

3. **Integração com Sistemas Legados**
Integrar WebAssembly a sistemas existentes pode exigir reescrita de partes significativas do código.

4. **Depuração**
Depurar código WebAssembly é mais complexo do que linguagens de script, devido ao formato binário.

Melhores Práticas

1. **Priorize Áreas Críticas**
Use WebAssembly para otimizar áreas que realmente exigem alto desempenho, como cálculos intensivos ou renderização gráfica.

2. **Combine com Tecnologias Existentes**
Integre WebAssembly com linguagens e frameworks já utilizados pela equipe para reduzir a curva de aprendizado.

3. **Monitore o Desempenho**
Utilize ferramentas de profiling para identificar gargalos e otimizar os módulos WebAssembly.

4. **Planeje a Escalabilidade**
Certifique-se de que a solução baseada em WebAssembly pode ser escalada conforme necessário.

O WebAssembly está revolucionando a forma como empresas abordam o desenvolvimento de software, oferecendo uma combinação única de desempenho, segurança e portabilidade. Suas aplicações no contexto empresarial já demonstram resultados impressionantes, desde a aceleração de ferramentas web até a criação de novos produtos inovadores. Ao adotar o WebAssembly, as empresas podem se posicionar na vanguarda da tecnologia, atendendo às demandas crescentes de desempenho e flexibilidade no mercado moderno.

CAPÍTULO 20. O FUTURO DO WEBASSEMBLY

O WebAssembly é uma das tecnologias mais promissoras e revolucionárias do desenvolvimento moderno, transformando a maneira como aplicações são construídas e executadas. Desde sua introdução, o WebAssembly demonstrou que não é apenas uma extensão do JavaScript, mas uma plataforma robusta para executar código de alto desempenho em uma ampla gama de dispositivos e ambientes. O futuro do WebAssembly está intrinsecamente ligado a padrões emergentes, avanços tecnológicos e sua integração em novas áreas, como computação distribuída, dispositivos embarcados e inteligência artificial.

Este capítulo explora os padrões emergentes que moldarão o futuro do WebAssembly, seu impacto contínuo na web e como desenvolvedores podem se preparar para aproveitar essas evoluções.

Padrões Emergentes

A evolução do WebAssembly está sendo impulsionada por organizações como o W3C e comunidades de código aberto que colaboram para expandir seus recursos. Alguns dos padrões mais promissores incluem:

WebAssembly System Interface (WASI)

O WASI é uma extensão que permite ao WebAssembly interagir com o sistema operacional subjacente de maneira segura e controlada. Ele fornece APIs para acesso a arquivos, rede, memória e outros recursos, tornando o WebAssembly uma alternativa viável para aplicações server-side e em dispositivos embarcados.

Exemplo de Utilização do WASI:

Crie um módulo que lê um arquivo e retorna seu conteúdo em Rust:

rust

```rust
use std::fs;

#[no_mangle]
pub extern "C" fn read_file(path: *const u8, length: usize) ->
*const u8 {
    let c_str = unsafe { std::slice::from_raw_parts(path, length) };
    let path = std::str::from_utf8(c_str).unwrap();
    let content = fs::read_to_string(path).unwrap_or_else(|_|
String::from("Error reading file"));
    let content_ptr = content.as_ptr();
    std::mem::forget(content);
    content_ptr
}
```

Compile para WebAssembly com suporte ao WASI:

bash

```bash
rustc --target=wasm32-wasi -O -o read_file.wasm read_file.rs
```

Carregue o módulo com um runtime como Wasmtime:

bash

```bash
wasmtime read_file.wasm --dir=. --invoke read_file
"example.txt"
```

O WASI amplia o alcance do WebAssembly, permitindo que ele seja usado em sistemas operacionais e ambientes fora do navegador.

Threads e SIMD

O suporte a threads e SIMD (Single Instruction, Multiple Data) no WebAssembly está em rápida evolução, permitindo que tarefas paralelas e operações vetoriais sejam executadas com eficiência.

Implementação de Computação Paralela:

Um módulo que soma dois arrays usando SIMD pode ser escrito em C++:

c++

```cpp
#include <wasm_simd128.h>

extern "C" {
    void add_arrays(float* a, float* b, float* result, int size) {
        for (int i = 0; i < size; i += 4) {
            v128_t va = wasm_v128_load(&a[i]);
            v128_t vb = wasm_v128_load(&b[i]);
            v128_t vr = wasm_f32x4_add(va, vb);
            wasm_v128_store(&result[i], vr);
        }
    }
}
```

Compile para WebAssembly com suporte a SIMD:

bash

```bash
emcc -msimd128 -o add_arrays.wasm add_arrays.cpp
```

Essa funcionalidade é essencial para aplicações que exigem processamento massivo de dados, como gráficos, aprendizado de máquina e simulações científicas.

Garbage Collection (GC)

A introdução do suporte nativo a Garbage Collection no WebAssembly simplificará a interação com linguagens de alto nível, como Python, Java e Ruby. Isso permitirá que mais linguagens utilizem WebAssembly de forma eficiente.

Component Model

O modelo de componentes está sendo projetado para padronizar a forma como diferentes módulos WebAssembly se comunicam, facilitando a criação de sistemas modulares e reutilizáveis.

O Impacto na Web

O WebAssembly está redefinindo o que é possível na web, permitindo que aplicativos com desempenho nativo sejam executados diretamente no navegador. Essa evolução está criando novas oportunidades e desafios para desenvolvedores e empresas.

Experiência do Usuário

O WebAssembly está permitindo experiências de usuário mais ricas e interativas. Ferramentas como editores gráficos, aplicativos de produtividade e até jogos AAA agora podem ser executados no navegador, sem necessidade de instalação.

Democratização do Acesso

Ao eliminar a dependência de plataformas específicas, o

WebAssembly está tornando aplicativos de alto desempenho acessíveis a uma audiência global, independentemente do dispositivo ou sistema operacional.

Integração com Inteligência Artificial

Com o suporte crescente a frameworks de aprendizado de máquina, como TensorFlow.js e ONNX Runtime, o WebAssembly está facilitando a execução de modelos de IA diretamente no navegador ou em dispositivos de borda.

Preparando-se para as Próximas Evoluções

Para aproveitar as oportunidades que o WebAssembly trará no futuro, desenvolvedores e organizações devem adotar estratégias que os posicionem como líderes em inovação.

Aprenda as Ferramentas e Linguagens Fundamentais

Rust, C++ e AssemblyScript são algumas das linguagens mais usadas para criar módulos WebAssembly. Familiarizar-se com essas linguagens e ferramentas como Emscripten, Wasmtime e Wasmer é essencial para o desenvolvimento.

Entenda o WASI e os Novos Recursos

Dominar o WASI e explorar as novas capacidades, como threads e SIMD, permitirá criar soluções mais robustas e eficientes.

Construa Aplicações Modulares

A adoção de arquiteturas modulares e o uso do Component Model tornarão os aplicativos mais fáceis de escalar e manter.

Participe da Comunidade

O WebAssembly está em constante evolução. Participar de comunidades, como o GitHub e fóruns de desenvolvedores, ajuda a acompanhar as novidades e contribui para o avanço da tecnologia.

Casos Práticos do Futuro

Computação Distribuída

O WebAssembly pode ser usado para distribuir tarefas em clusters de servidores, permitindo que aplicativos processem grandes volumes de dados com eficiência.

Exemplo: Processamento Distribuído de Dados com WebAssembly:

Um sistema que usa WebAssembly para processar logs em um cluster pode ser implementado em Rust:

rust

```rust
#[no_mangle]
pub extern "C" fn process_log(log: *const u8, length: usize) ->
usize {
    let log_data = unsafe { std::slice::from_raw_parts(log,
length) };
    log_data.iter().filter(|&&byte| byte == b'\n').count()
}
```

Compile e distribua o módulo para múltiplos nós usando ferramentas como Kubernetes.

Simulações Científicas

Pesquisadores podem usar WebAssembly para criar simulações interativas que rodam diretamente no navegador, permitindo a colaboração em tempo real.

Plataformas de Aprendizado Online

Ferramentas educacionais podem integrar WebAssembly para executar laboratórios virtuais, simuladores e outros conteúdos interativos diretamente no navegador dos alunos.

O WebAssembly está apenas começando a mostrar seu potencial, e suas futuras evoluções prometem ampliar ainda mais seu impacto. Com padrões emergentes, maior suporte a tecnologias avançadas e integração em novos setores, o WebAssembly está destinado a se tornar um pilar central no desenvolvimento de software. Preparar-se para essas mudanças significa não apenas acompanhar os avanços tecnológicos, mas também aproveitar as oportunidades de inovação que surgirão. Ao investir no aprendizado e na aplicação do WebAssembly, desenvolvedores podem ajudar a moldar o futuro da web e da computação como um todo.

CAPÍTULO 21. PROJETOS REAIS: ESTUDOS DE CASO

O uso do WebAssembly em projetos reais está redefinindo a forma como desenvolvedores abordam o desempenho e a portabilidade em aplicações modernas. Este capítulo apresenta estudos de caso detalhados e explora o desenvolvimento passo a passo de um projeto completo, mostrando como o WebAssembly pode ser integrado a soluções práticas. A combinação de teoria e prática oferece uma visão clara de como aproveitar ao máximo essa tecnologia.

Aplicações Práticas Usando WebAssembly

Empresas e desenvolvedores estão utilizando o WebAssembly para resolver desafios específicos em diversas áreas, como processamento de dados, gráficos 3D, inteligência artificial e computação distribuída. A seguir, são apresentados dois estudos de caso que destacam a versatilidade e o impacto do WebAssembly.

Estudo de Caso 1: Processamento de Imagens em um Editor Web

Um editor de imagens moderno exige desempenho elevado para manipular arquivos grandes em tempo real. Utilizando

WebAssembly, um editor baseado em navegador pode aplicar filtros, ajustar cores e realizar redimensionamentos sem depender de servidores.

Etapas de Desenvolvimento:

Definição do Problema
Um editor de imagens precisa aplicar um filtro de desfoque gaussiano em tempo real.

Implementação em C
Escreva o algoritmo de desfoque em C para processamento eficiente:

c

```c
#include <math.h>
#include <stdint.h>

void apply_gaussian_blur(uint8_t* image, uint8_t* result, int width, int height, int radius) {
    float sigma = radius / 2.0f;
    float two_sigma_sq = 2.0f * sigma * sigma;
    int kernel_size = 2 * radius + 1;
    float kernel[kernel_size][kernel_size];

    // Calcula o kernel gaussiano
    float sum = 0.0f;
    for (int i = -radius; i <= radius; i++) {
        for (int j = -radius; j <= radius; j++) {
            float value = exp(-(i * i + j * j) / two_sigma_sq);
            kernel[i + radius][j + radius] = value;
            sum += value;
        }
```

```
    }

    // Normaliza o kernel
    for (int i = 0; i < kernel_size; i++) {
        for (int j = 0; j < kernel_size; j++) {
            kernel[i][j] /= sum;
        }
    }

    // Aplica o filtro na imagem
    for (int y = 0; y < height; y++) {
        for (int x = 0; x < width; x++) {
            float pixel_sum = 0.0f;
            for (int i = -radius; i <= radius; i++) {
                for (int j = -radius; j <= radius; j++) {
                    int ny = y + i;
                    int nx = x + j;
                    if (nx >= 0 && nx < width && ny >= 0 && ny <
height) {
                        pixel_sum += image[ny * width + nx] * kernel[i +
radius][j + radius];
                    }
                }
            }
            result[y * width + x] = (uint8_t)pixel_sum;
        }
    }
}
```

Compilação para WebAssembly
Compile o código utilizando Emscripten:

bash

```
emcc gaussian_blur.c -o gaussian_blur.wasm -s
```

EXPORTED_FUNCTIONS="['_apply_gaussian_blur']"

Integração com o Front-End

Carregue o módulo WebAssembly e aplique o filtro na imagem carregada pelo usuário:

javascript

```javascript
const canvas = document.getElementById('canvas');
const ctx = canvas.getContext('2d');

async function applyBlur(imageData, radius) {
    const response = await fetch('gaussian_blur.wasm');
    const buffer = await response.arrayBuffer();
    const module = await WebAssembly.instantiate(buffer);

    const { exports } = module.instance;
    const memory = new Uint8Array(exports.memory.buffer);
    const inputPtr = exports.malloc(imageData.data.length);
    const outputPtr = exports.malloc(imageData.data.length);

    memory.set(imageData.data, inputPtr);

    exports._apply_gaussian_blur(inputPtr, outputPtr,
imageData.width, imageData.height, radius);

    const result = new Uint8ClampedArray(memory.buffer,
outputPtr, imageData.data.length);
    exports.free(inputPtr);
    exports.free(outputPtr);

    return new ImageData(result, imageData.width,
imageData.height);
}
```

Estudo de Caso 2: Sistema de Recomendação em Tempo Real

Sistemas de recomendação são amplamente utilizados em e-commerce e streaming. O WebAssembly pode processar recomendações diretamente no navegador, reduzindo a dependência de servidores.

Etapas de Desenvolvimento:

Modelo em Rust
Crie um modelo simples que calcula uma pontuação de similaridade:

rust

```
#[no_mangle]
pub extern "C" fn calculate_similarity(user_vec: *const f32,
item_vec: *const f32, length: usize) -> f32 {
    let user = unsafe { std::slice::from_raw_parts(user_vec,
length) };
    let item = unsafe { std::slice::from_raw_parts(item_vec,
length) };
    user.iter().zip(item).map(|(u, i)| u * i).sum()
}
```

Compilação para WebAssembly
Compile o código Rust:

bash

```
rustc --target=wasm32-unknown-unknown -O -o
recommendation.wasm recommendation.rs
```

Integração com JavaScript
Use o módulo para calcular recomendações localmente:

javascript

```javascript
async function getRecommendations(userVector, itemVectors)
{
    const response = await fetch('recommendation.wasm');
    const buffer = await response.arrayBuffer();
    const module = await WebAssembly.instantiate(buffer);

    const { exports } = module.instance;
    const memory = new Float32Array(exports.memory.buffer);

    const userPtr = exports.malloc(userVector.length *
Float32Array.BYTES_PER_ELEMENT);
    memory.set(userVector, userPtr /
Float32Array.BYTES_PER_ELEMENT);

    return itemVectors.map(itemVector => {
        const itemPtr = exports.malloc(itemVector.length *
Float32Array.BYTES_PER_ELEMENT);
        memory.set(itemVector, itemPtr /
Float32Array.BYTES_PER_ELEMENT);

        const score = exports._calculate_similarity(userPtr,
itemPtr, itemVector.length);
        exports.free(itemPtr);
        return score;
    });
}
```

Passo a Passo do Desenvolvimento de um Projeto Completo

Para ilustrar o processo de desenvolvimento completo com WebAssembly, construiremos um aplicativo de simulação de física para navegadores. O aplicativo permitirá que o usuário manipule objetos em um ambiente virtual.

Defina as Regras de Simulação

As leis básicas da física, como gravidade e colisão, serão implementadas em C++.

c++

```cpp
struct Object {
    float x, y;
    float vx, vy;
    float mass;
};

extern "C" {
    void update(Object* objects, int count, float deltaTime) {
        for (int i = 0; i < count; i++) {
            objects[i].vy += 9.8f * deltaTime; // Gravidade
            objects[i].x += objects[i].vx * deltaTime;
            objects[i].y += objects[i].vy * deltaTime;
        }
    }
}
```

Compile o Código

Compile para WebAssembly:

bash

```
emcc physics_simulation.cpp -o physics_simulation.wasm -s
EXPORTED_FUNCTIONS="['_update']"
```

Integre ao Front-End
Carregue o módulo e atualize os objetos na tela:

javascript

```javascript
async function simulate(objects, deltaTime) {
    const response = await fetch('physics_simulation.wasm');
    const buffer = await response.arrayBuffer();
    const module = await WebAssembly.instantiate(buffer);

    const { exports } = module.instance;
    const memory = new Float32Array(exports.memory.buffer);
    const objectsPtr = exports.malloc(objects.length * 5 *
Float32Array.BYTES_PER_ELEMENT);

    memory.set(objects.flat(), objectsPtr /
Float32Array.BYTES_PER_ELEMENT);
    exports._update(objectsPtr, objects.length, deltaTime);

    const updatedObjects = new Float32Array(memory.buffer,
objectsPtr, objects.length * 5);
    exports.free(objectsPtr);
    return updatedObjects;
}
```

Com esse fluxo, criamos um projeto completo, demonstrando como o WebAssembly pode ser usado para construir aplicações interativas de alto desempenho.

O uso do WebAssembly em projetos reais demonstra sua

flexibilidade e eficiência para resolver problemas complexos em diversas áreas. Ao integrar essa tecnologia com linguagens e frameworks modernos, é possível criar soluções inovadoras que elevam o padrão de qualidade em aplicações web e além. Esses estudos de caso destacam o potencial do WebAssembly para transformar ideias em projetos concretos, mostrando que ele é uma ferramenta indispensável no desenvolvimento contemporâneo.

CAPÍTULO 22. FERRAMENTAS AVANÇADAS PARA DESENVOLVIMENTO

O desenvolvimento com WebAssembly não se limita ao uso de compiladores básicos e scripts simples. À medida que projetos crescem em complexidade, ferramentas avançadas são indispensáveis para garantir eficiência, produtividade e qualidade no processo de construção e entrega de aplicações. Desde depuração e otimização até a integração com pipelines de produção, explorar essas ferramentas é essencial para maximizar o potencial do WebAssembly.

Explorando Ferramentas Além do Básico

Embora ferramentas como Emscripten, Rust e AssemblyScript sejam amplamente utilizadas para compilar código para WebAssembly, existem opções mais avançadas para tarefas específicas que ampliam as capacidades do desenvolvedor.

Ferramentas de Otimização

Binaryen
Binaryen é uma das ferramentas mais populares para otimizar e transformar código WebAssembly. Ele pode reduzir o tamanho do arquivo .wasm e melhorar o desempenho.

Uso do Binaryen para Otimização:

bash

```
wasm-opt input.wasm -Oz -o optimized.wasm
```

1. O comando acima otimiza o arquivo para o menor tamanho possível, ideal para aplicações web com restrições de largura de banda.

Wasm-pack

Desenvolvido especificamente para projetos Rust, o Wasm-pack facilita a criação, otimização e publicação de módulos WebAssembly.

Compilação e Empacotamento com Wasm-pack:

bash

```
wasm-pack build --release --target web
```

2. Essa ferramenta também gera arquivos .js para integrar facilmente o módulo em aplicações JavaScript.

Ferramentas de Depuração

Chrome DevTools

Oferece suporte completo para depurar módulos WebAssembly diretamente no navegador. É possível inspecionar a memória linear, colocar pontos de interrupção e analisar chamadas de função.

Habilitando Depuração: Adicione o mapa de origem durante a compilação:

bash

```
emcc -g -o output.wasm source.c
```

WABT (WebAssembly Binary Toolkit)
O WABT é uma coleção de ferramentas que converte arquivos WebAssembly entre formatos binários e de texto, facilitando a análise e depuração.

Conversão para Texto:

bash

```
wasm2wat input.wasm -o output.wat
```

Conversão para Binário:

bash

```
wat2wasm input.wat -o output.wasm
```

WasmTime Debugger
WasmTime é um runtime robusto para WebAssembly que também suporta depuração avançada com integração ao GDB.

Depuração de Módulo:

bash

```
wasmtime run --debug --invoke function_name input.wasm
```

Ferramentas de Testes

Jest com WebAssembly

Jest é amplamente utilizado para testes de unidade em JavaScript e integra-se perfeitamente com WebAssembly.

Configuração de Teste:

javascript

```
const fs = require('fs');
const { WebAssembly } = global;

test('adds two numbers', async () => {
    const buffer = fs.readFileSync('add.wasm');
    const module = await WebAssembly.instantiate(buffer);
    const result = module.instance.exports.add(2, 3);
    expect(result).toBe(5);
});
```

Karma para Testes em Navegadores

O Karma permite executar testes diretamente em navegadores, garantindo compatibilidade de módulos WebAssembly.

Configuração do Karma:

javascript

```
module.exports = function(config) {
    config.set({
        frameworks: ['jasmine'],
        files: ['tests/**/*.js'],
        browsers: ['Chrome'],
        reporters: ['progress']
    });
};
```

Ferramentas de Integração e Automação

Webpack

Webpack é amplamente utilizado para empacotamento de módulos JavaScript e possui suporte nativo para WebAssembly.

Configuração para Carregamento de Módulos:

javascript

```javascript
module.exports = {
    module: {
        rules: [
            {
                test: /\.wasm$/,
                type: 'webassembly/async'
            }
        ]
    }
};
```

Docker

Para projetos WebAssembly que exigem ambientes de construção consistentes, Docker pode ser usado para encapsular dependências.

Arquivo Dockerfile:

dockerfile

```dockerfile
FROM emscripten/emsdk
WORKDIR /app
COPY . .
```

```
RUN emcc -O3 source.c -o output.wasm
```

GitHub Actions

Automatizar pipelines de construção e teste para projetos WebAssembly é fácil com GitHub Actions.

Exemplo de Workflow:

yaml

```yaml
name: Build and Test WebAssembly
on:
  push:
    branches:
      - main
jobs:
  build:
    runs-on: ubuntu-latest
    steps:
      - uses: actions/checkout@v3
      - name: Set up Emscripten
        uses: ryanhimmelwright/setup-emsdk@v1
      - name: Build WebAssembly
        run: emcc source.c -O3 -o output.wasm
      - name: Run Tests
        run: jest
```

Como Configurar Pipelines de Produção Eficientes

A configuração de pipelines eficientes é essencial para garantir a qualidade do software e facilitar a implantação de módulos WebAssembly em produção.

Etapas Essenciais

1. **Build e Otimização**
   Automatize o processo de compilação e otimize os módulos para produção usando ferramentas como Binaryen e Wasm-pack.
2. **Testes Automatizados**
   Integre testes unitários, de integração e de desempenho para garantir que os módulos funcionem corretamente em todos os cenários.
3. **Empacotamento e Publicação**
   Utilize ferramentas como Webpack e Docker para empacotar os módulos e garantir a compatibilidade em diferentes ambientes.
4. **Monitoramento e Logs**
   Configure ferramentas de monitoramento para rastrear o desempenho e o uso de memória dos módulos WebAssembly em produção.

Exemplo de Pipeline Automatizado
Construção Local com Docker

Crie um ambiente isolado para compilar módulos WebAssembly:

bash

```
docker build -t wasm-build .
docker run --rm -v $(pwd):/app wasm-build
```

Testes Automatizados com CI/CD
Configure o GitHub Actions para executar testes sempre que alterações forem feitas no repositório.

Otimização e Implantação

Otimize os módulos e publique-os em um CDN para distribuição rápida.

Script de Otimização e Publicação:

bash

```
wasm-opt input.wasm -Oz -o optimized.wasm
aws s3 cp optimized.wasm s3://my-cdn-bucket/
optimized.wasm
```

Benefícios de Ferramentas Avançadas

1. **Eficiência de Desenvolvimento**
   Ferramentas como Webpack e Binaryen aceleram o desenvolvimento, permitindo que os desenvolvedores foquem na lógica do aplicativo.
2. **Qualidade e Confiabilidade**
   Testes automatizados e pipelines de produção garantem que os módulos WebAssembly sejam robustos e confiáveis.
3. **Escalabilidade**
   Ambientes de construção consistentes e pipelines bem projetados tornam mais fácil escalar projetos à medida que crescem.
4. **Desempenho Otimizado**
   Ferramentas de otimização ajudam a reduzir o tamanho dos módulos e melhorar o tempo de execução.

Explorar ferramentas avançadas para desenvolvimento com

WebAssembly não é apenas uma opção, mas uma necessidade para projetos modernos. Essas ferramentas aumentam a eficiência, melhoram a qualidade do software e garantem que os módulos estejam prontos para enfrentar os desafios de produção. Desde depuração e testes até pipelines completos de CI/CD, investir em um conjunto robusto de ferramentas é essencial para aproveitar ao máximo o potencial do WebAssembly no desenvolvimento de software contemporâneo.

CAPÍTULO 23. COMUNIDADE E RECURSOS DE WEBASSEMBLY

O crescimento do WebAssembly não seria possível sem o suporte e a colaboração de uma comunidade global de desenvolvedores, pesquisadores e entusiastas. Envolver-se na comunidade WebAssembly não apenas acelera o aprendizado, mas também oferece oportunidades para contribuir com o avanço da tecnologia. Além disso, existem inúmeros recursos disponíveis para aprendizado contínuo, desde documentação oficial até repositórios de código e tutoriais detalhados.

Este capítulo explora como se conectar com a comunidade WebAssembly, participar de iniciativas colaborativas e aproveitar os melhores recursos para aprimorar suas habilidades e conhecimentos.

Como se Envolver na Comunidade WebAssembly

A comunidade WebAssembly é vibrante e acolhedora, composta por desenvolvedores de diferentes níveis de experiência. Participar ativamente pode abrir portas para novas oportunidades, desde aprendizado até contribuições significativas para projetos de código aberto.

Fóruns e Grupos de Discussão

1. **WebAssembly Community Group**
   O WebAssembly Community Group, mantido pelo W3C, é o principal fórum para discutir o

desenvolvimento e a padronização do WebAssembly. Desenvolvedores podem acompanhar as atualizações mais recentes e contribuir para debates técnicos.

Como Participar: Inscreva-se no grupo pelo site do W3C e participe de reuniões regulares ou discussões online.

2. **Reddit**
   Subreddits como r/WebAssembly são ótimos para interagir com outros desenvolvedores, tirar dúvidas e compartilhar projetos.

3. **Stack Overflow**
   Use a tag WebAssembly para buscar respostas ou postar perguntas técnicas. A comunidade é ativa e responde rapidamente a dúvidas bem formuladas.

Conferências e Eventos

1. **Wasm Summit**
   O Wasm Summit é um evento anual onde desenvolvedores compartilham seus projetos, estudos e avanços na tecnologia WebAssembly.

   Como Participar: Acompanhe as redes sociais do evento e inscreva-se para apresentações, workshops e sessões de networking.

2. **Meetups Locais**
   Pesquise por meetups relacionados ao WebAssembly na sua região. Esses eventos são ideais para networking e aprendizado prático.

Contribuição para Projetos Open Source

Contribuir para projetos de código aberto é uma maneira eficaz de aprender e se destacar na comunidade WebAssembly. Muitos repositórios aceitam contribuições de desenvolvedores iniciantes e experientes.

1. **Binaryen**
   Ferramenta de otimização amplamente utilizada, o Binaryen aceita contribuições para melhorar sua funcionalidade e documentação.
2. **WABT (WebAssembly Binary Toolkit)**
   Projetos como o WABT oferecem oportunidades para contribuir com novas ferramentas ou aprimorar as existentes.
   Como Começar:
   o   Acesse o repositório no GitHub.
   o   Leia o guia de contribuição (geralmente disponível no arquivo CONTRIBUTING.md).
   o   Comece com issues marcadas como good first issue.

Principais Recursos e Repositórios

Para aprendizado contínuo e desenvolvimento com WebAssembly, uma ampla gama de recursos está disponível. Abaixo estão algumas das melhores fontes de conhecimento.

Documentação Oficial

1. **WebAssembly.org**
   O site oficial é o ponto de partida para aprender sobre o WebAssembly. Ele oferece guias detalhados, exemplos e links para ferramentas.
2. **Documentação do W3C**
   A especificação oficial do WebAssembly está disponível no site do W3C, detalhando todos os aspectos técnicos da linguagem.

Repositórios de Código

Awesome WebAssembly

Um repositório curado com links para ferramentas, bibliotecas, tutoriais e projetos relacionados ao WebAssembly.

Acesse:

plaintext

https://github.com/mbasso/awesome-wasm

Repositórios de Ferramentas

Emscripten: Ferramenta popular para compilar C e C++ para WebAssembly.

plaintext

https://github.com/emscripten-core/emscripten

AssemblyScript: Uma linguagem amigável ao WebAssembly baseada no TypeScript.

plaintext

https://github.com/AssemblyScript/assemblyscript

Projetos Exemplares

Blazor: Framework da Microsoft para criar aplicações web com C# e WebAssembly.

plaintext

https://github.com/dotnet/blazor

TensorFlow.js: Integração de aprendizado de máquina com WebAssembly.

plaintext

https://github.com/tensorflow/tfjs

Ferramentas de Aprendizado

Playground do WebAssembly
Ferramentas online permitem experimentar WebAssembly diretamente no navegador, como o WasmFiddle.
Acesse:

https://wasdk.github.io/WasmFiddle/

Simuladores e Debuggers

Simuladores como o wasm-interp ajudam a testar módulos WebAssembly em um ambiente controlado.
Uso Básico:

bash

wasm-interp module.wasm

Benefícios de Participar da Comunidade

1. **Acesso a Conhecimento Avançado**
   Interagir com especialistas oferece insights que vão além do conteúdo encontrado em tutoriais e documentação.
2. **Networking e Oportunidades**
   Participar de eventos e contribuir para projetos de código aberto pode levar a colaborações e ofertas de emprego.
3. **Aprendizado Contínuo**
   A comunidade está sempre explorando novas aplicações e avanços tecnológicos. Participar ativamente mantém você atualizado.
4. **Contribuição ao Crescimento da Tecnologia**
   Ao compartilhar conhecimento ou contribuir com código, você ajuda a moldar o futuro do WebAssembly.

A comunidade WebAssembly é um dos pilares de seu sucesso, oferecendo suporte, recursos e oportunidades de aprendizado contínuo. Envolver-se ativamente e aproveitar os recursos disponíveis não apenas acelera o aprendizado, mas também posiciona você como um contribuinte valioso em uma área em constante crescimento. Seja participando de eventos, colaborando em projetos open source ou explorando repositórios e tutoriais, as possibilidades para aprender e crescer com WebAssembly são ilimitadas.

CAPÍTULO 24. PRÁTICAS RECOMENDADAS PARA PROFISSIONAIS

Desenvolver módulos WebAssembly que sejam escaláveis, robustos e eficientes requer mais do que conhecimento técnico; é necessário adotar práticas de desenvolvimento bem definidas que garantam a qualidade do código e facilitem a manutenção e evolução de projetos. Além disso, profissionais que buscam se destacar no mercado devem considerar a obtenção de certificações ou qualificações específicas para demonstrar sua expertise.

Este capítulo explora práticas recomendadas para o desenvolvimento de módulos WebAssembly, com foco em escalabilidade, desempenho e segurança. Também aborda como se preparar para certificações e qualificações relacionadas à tecnologia.

Dicas para Desenvolver Módulos Escaláveis e Robustos

A criação de módulos escaláveis e robustos exige atenção a detalhes que vão desde a arquitetura do código até a escolha de ferramentas. A seguir, são apresentadas as melhores práticas para atingir esses objetivos.

Planejamento e Design

1. **Definição Clara de Objetivos**

Antes de iniciar o desenvolvimento, defina claramente o propósito do módulo e os requisitos de desempenho. Isso ajuda a evitar sobrecarga e complexidade desnecessária.

2. **Escolha de Linguagem e Ferramentas Adequadas**
   o   Use **Rust** para projetos que exigem alto desempenho e segurança.
   o   Prefira **AssemblyScript** para integração simples com TypeScript.
   o   Opte por **C++** quando há necessidade de reutilizar bibliotecas existentes.
3. **Design Modular**
   Divida o projeto em pequenos componentes independentes. Isso facilita a manutenção e permite a reutilização de código em outros projetos.

Boas Práticas de Codificação

Gerenciamento de Memória
Use técnicas eficazes para alocar e liberar memória, evitando vazamentos. Por exemplo, ao lidar com arrays dinâmicos em Rust:

rust

```rust
#[no_mangle]
pub extern "C" fn allocate(size: usize) -> *mut u8 {
    let buffer = Vec::with_capacity(size);
    let ptr = buffer.as_ptr();
    std::mem::forget(buffer);
    ptr as *mut u8
}
```

Certifique-se de liberar a memória corretamente quando ela não for mais necessária.

Evite Códigos Repetitivos

Utilize funções reutilizáveis e macros para reduzir a duplicação de código. Isso melhora a legibilidade e reduz a chance de erros.

Validação de Entradas

Valide todas as entradas do módulo para evitar comportamentos inesperados. Um exemplo em C++:

c++

```
extern "C" {
    int add_positive_numbers(int a, int b) {
        if (a < 0 || b < 0) return -1;
        return a + b;
    }
}
```

Comentários e Documentação

Mantenha comentários claros e atualizados, e forneça documentação que explique como o módulo funciona e como ele deve ser usado.

Testes e Depuração

Automação de Testes

Crie testes unitários e de integração para verificar o comportamento do módulo em diferentes cenários. Use ferramentas como **Jest** ou **Mocha** para automatizar os testes.

Exemplo de Teste Unitário com Jest:

javascript

```javascript
test('adds positive numbers', async () => {
    const module = await WebAssembly.instantiate(await
fetch('module.wasm'));
    const result =
module.instance.exports.add_positive_numbers(3, 5);
    expect(result).toBe(8);
});
```

Depuração com Ferramentas Modernas

Utilize depuradores como o **Chrome DevTools** para inspecionar a memória e o fluxo de execução do módulo.

Monitoramento de Desempenho

Analise o desempenho do módulo com ferramentas como **Perfetto** para identificar gargalos e otimizar o código.

Otimização

Minimize o Tamanho do Módulo

Use ferramentas como **Binaryen** para reduzir o tamanho do arquivo .wasm.

bash

```bash
wasm-opt input.wasm -Oz -o optimized.wasm
```

Utilize SIMD e Threads

Para tarefas computacionalmente intensivas, implemente SIMD (Single Instruction, Multiple Data) e threads para acelerar o processamento.

Evite Operações Desnecessárias

Remova cálculos redundantes e reduza chamadas de função para melhorar o desempenho.

Pré-compilação de Recursos

Pré-compile dados e recursos que não mudam frequentemente para reduzir o tempo de execução.

Segurança

Gerenciamento Seguro de Memória

Evite acessos fora dos limites e garanta que todos os ponteiros sejam válidos antes de usá-los.

Sandboxing

Execute módulos em um ambiente isolado para proteger o sistema contra comportamentos maliciosos.

Validação de Módulos

Use ferramentas como **WABT** para validar módulos antes da execução.

bash

```
wasm-validate module.wasm
```

Limitação de Permissões

Restringa o acesso a recursos do sistema, permitindo apenas o necessário.

Preparação para Certificações ou Qualificações

Certificações relacionadas ao WebAssembly ainda estão em desenvolvimento, mas qualificações gerais em desenvolvimento de software e linguagens suportadas pelo WebAssembly podem ajudar a destacar sua expertise. Abaixo estão as etapas para se preparar.

Certificações Relevantes

1. **Certificações em Rust**
   Aprenda Rust em profundidade e obtenha certificações de plataformas como Udemy ou Coursera.
2. **Certificações de JavaScript**
   Certificações de JavaScript avançado são úteis para desenvolvedores que integram WebAssembly com front-end.
3. **Certificações em Segurança de Software**
   Certificações como **Certified Secure Software Lifecycle Professional (CSSLP)** são ideais para garantir que seus módulos sejam seguros.

Preparação

1. **Estudo de Conceitos Fundamentais**
   - Compreenda os conceitos básicos de WebAssembly, como memória linear e tabelas de funções.
   - Estude os detalhes das linguagens utilizadas, como C ++, Rust ou AssemblyScript.

2. **Prática com Projetos Reais**
   Desenvolva projetos que cubram uma ampla gama de funcionalidades, como cálculos matemáticos, processamento de imagens e manipulação de dados.

3. **Acompanhamento de Atualizações**
   Mantenha-se atualizado com as últimas inovações em WebAssembly por meio de fóruns, blogs e redes sociais.

4. **Participação em Comunidades**
   Envolva-se em comunidades WebAssembly para aprender com outros profissionais e obter feedback sobre seu trabalho.

Recursos de Estudo

1. **Documentação Oficial do WebAssembly**
   Acesse a especificação e os tutoriais no site oficial.

2. **Cursos Online**
   Inscreva-se em cursos especializados que ensinam desde conceitos básicos até tópicos avançados.

3. **Projetos Open Source**
   Contribua para repositórios populares para aprender práticas avançadas de desenvolvimento.

Desenvolver módulos WebAssembly escaláveis e robustos exige não apenas habilidades técnicas, mas também disciplina em seguir práticas recomendadas. Desde o planejamento e design até a otimização e segurança, cada etapa desempenha um papel crucial na criação de soluções de qualidade. Além disso, investir em certificações e qualificações pode abrir portas para novas oportunidades profissionais, ajudando você a se destacar em um mercado competitivo. Com dedicação e as práticas certas, o WebAssembly pode se tornar um poderoso aliado no avanço de sua carreira e no desenvolvimento de software moderno.

CAPÍTULO 25. CONCLUSÃO: A JORNADA COM WEBASSEMBLY

A jornada pelo universo do WebAssembly foi marcada pela exploração de seus fundamentos, aplicações práticas, ferramentas avançadas e possibilidades futuras. Esta tecnologia emergente transformou o cenário de desenvolvimento de software ao oferecer desempenho próximo ao nativo em múltiplas plataformas, revolucionando como construímos e consumimos aplicações. Neste capítulo final, revisitamos os aprendizados adquiridos, refletimos sobre o impacto do WebAssembly no presente e no futuro, e consolidamos as principais ideias para inspirar sua continuação nessa jornada.

Resumo de Aprendizados

O WebAssembly provou ser uma tecnologia versátil, capaz de atender às demandas de desempenho, segurança e escalabilidade em diversos contextos. Desde o entendimento de sua arquitetura básica até a implementação em projetos reais, muitos conceitos e práticas foram abordados. A seguir, recapitulamos os pontos mais importantes.

Fundamentos do WebAssembly

1. **Motivação e Arquitetura**
   O WebAssembly surgiu como uma solução para superar as limitações de desempenho do JavaScript em aplicações web. Sua arquitetura binária compacta

permite a execução eficiente em navegadores, servidores e dispositivos embarcados.

2. **Ciclo de Vida de um Módulo**
A construção de módulos envolve a escrita em linguagens como C++, Rust ou AssemblyScript, a compilação para .wasm e sua integração em aplicações através de APIs JavaScript.

3. **Interação com JavaScript**
A interoperabilidade entre WebAssembly e JavaScript possibilita que ambos coexistam em aplicações, cada um desempenhando funções específicas, como lógica computacional ou manipulação de DOM.

Aplicações e Casos Práticos

1. **Desempenho em Aplicações Web**
Ferramentas como editores gráficos, simuladores e jogos utilizam WebAssembly para oferecer experiências rápidas e interativas diretamente no navegador.

2. **Uso em Dispositivos IoT e Computação em Borda**
O WebAssembly mostrou-se eficaz na execução de algoritmos de machine learning e processamento de dados em dispositivos com recursos limitados.

3. **Integração Empresarial**
Organizações adotaram o WebAssembly para migrar aplicações desktop para a web, melhorar sistemas de recomendação e otimizar o uso de servidores.

Ferramentas e Práticas

1. **Ferramentas Avançadas**

O uso de ferramentas como Binaryen, Wasm-pack e WABT otimizou o desenvolvimento e a implantação de módulos WebAssembly.

2. **Testes e Depuração**
Frameworks de teste, como Jest, e depuradores, como Chrome DevTools, garantiram que os módulos funcionassem de maneira confiável e eficiente.

3. **Segurança e Isolamento**
O ambiente isolado do WebAssembly e práticas como validação de entradas e gerenciamento de memória reforçaram a segurança dos módulos.

Reflexões sobre o Impacto da Tecnologia no Futuro

O impacto do WebAssembly vai muito além de aplicações web, redefinindo o que é possível na computação moderna. Sua flexibilidade e desempenho o tornam essencial em áreas emergentes como inteligência artificial, realidade virtual e computação distribuída.

O Papel do WebAssembly na Transformação Digital

1. **Portabilidade Universal**
O WebAssembly elimina barreiras entre plataformas, permitindo que aplicações sejam executadas de maneira uniforme em navegadores, servidores e dispositivos móveis.

2. **Computação Distribuída**
Em arquiteturas modernas, como edge computing, o WebAssembly desempenha um papel crucial ao executar código próximo ao usuário final, reduzindo a latência e aumentando a eficiência.

3. **Educação e Inclusão Digital**
   Ferramentas educacionais baseadas em WebAssembly tornam recursos avançados acessíveis, independentemente da capacidade do dispositivo, promovendo inclusão digital.

Desafios e Oportunidades

Embora o WebAssembly tenha apresentado avanços notáveis, desafios ainda permanecem. A curva de aprendizado para desenvolvedores, a complexidade na depuração de módulos e a necessidade de suporte a novos recursos são barreiras que precisam ser superadas. No entanto, essas dificuldades abrem oportunidades para a criação de ferramentas melhores e a ampliação da comunidade.

1. **Suporte a Novas Linguagens e Recursos**
   O desenvolvimento contínuo de extensões como WASI (WebAssembly System Interface) amplia o alcance da tecnologia, permitindo aplicações server-side e em dispositivos embarcados.
2. **Padrões de Componentes**
   O modelo de componentes em desenvolvimento promete facilitar a integração e reutilização de módulos, tornando o WebAssembly ainda mais acessível.
3. **Segurança e Privacidade**
   À medida que o uso do WebAssembly cresce, a implementação de padrões de segurança mais robustos será fundamental para proteger aplicações e dados.

A Visão para o Futuro

A evolução do WebAssembly indica que ele será um pilar central na computação, promovendo uma revolução semelhante à introdução do JavaScript nos anos 1990. Sua capacidade de combinar alto desempenho, portabilidade e segurança o posiciona como uma tecnologia indispensável para o futuro.

1. **Integração com Tecnologias Emergentes**
   O uso do WebAssembly em áreas como aprendizado de máquina e blockchain destaca sua versatilidade em resolver desafios complexos.
2. **Expansão para Setores Inexplorados**
   Indústrias como saúde, finanças e logística podem se beneficiar enormemente do desempenho e da segurança que o WebAssembly oferece.

A jornada com o WebAssembly é, na verdade, um convite para explorar os limites do que é possível no desenvolvimento de software. Cada módulo criado, cada ferramenta explorada e cada aplicação implementada são passos em direção a um futuro onde a tecnologia é mais acessível, eficiente e inclusiva.

Como profissional ou entusiasta, continuar aprendendo, aplicando e compartilhando o conhecimento adquirido será fundamental para aproveitar ao máximo o potencial dessa tecnologia. O WebAssembly não é apenas uma ferramenta; é uma nova forma de pensar, criar e inovar.

O futuro do WebAssembly está nas mãos daqueles que o adotam, e você, agora equipado com conhecimentos sólidos, está preparado para moldar esse futuro. Seja desenvolvendo soluções práticas, contribuindo para a comunidade ou explorando novas fronteiras tecnológicas, sua jornada com o WebAssembly está apenas começando.

CONCLUSÃO FINAL

Reflexão sobre a Importância Contínua do WebAssembly no Cenário Tecnológico

O WebAssembly consolidou-se como uma das tecnologias mais transformadoras do desenvolvimento moderno, alterando paradigmas e oferecendo soluções eficientes para desafios que antes pareciam insuperáveis. Sua promessa de desempenho próximo ao nativo, segurança robusta e portabilidade universal o posiciona como um pilar no ecossistema tecnológico. Além de sua capacidade de revolucionar aplicações web, o WebAssembly está expandindo seu impacto em outras áreas, como computação em borda, inteligência artificial e dispositivos embarcados.

Em um mundo cada vez mais conectado, onde a eficiência, a escalabilidade e a acessibilidade são indispensáveis, o WebAssembly apresenta uma base sólida para inovação. Ele permite que desenvolvedores transcendam limitações de hardware e software, unificando plataformas e democratizando o acesso a recursos avançados. Sua flexibilidade em suportar diversas linguagens e sua integração com ferramentas modernas reforçam sua relevância no presente e seu potencial no futuro.

À medida que a tecnologia avança, o WebAssembly continuará a desempenhar um papel fundamental na evolução de aplicativos e sistemas. Ele capacita indivíduos e organizações a criarem soluções mais rápidas, seguras e acessíveis, moldando o futuro da computação. Para aqueles que se dedicam a dominá-lo, o WebAssembly oferece não apenas uma ferramenta poderosa, mas uma oportunidade de liderar essa transformação.

Resumo das Principais Lições Aprendidas

Capítulo 1: Introdução ao WebAssembly

Compreender a história e as motivações por trás do WebAssembly revelou sua importância como resposta às limitações do JavaScript. A simplicidade de sua arquitetura binária, combinada com sua eficiência de execução, destacou sua singularidade no cenário tecnológico.

Capítulo 2: Como o WebAssembly Funciona

A exploração da arquitetura do WebAssembly e do ciclo de vida de seus módulos forneceu uma base sólida para entender como ele processa dados de maneira eficiente e segura, garantindo interoperabilidade com outras tecnologias.

Capítulo 3: Instalação e Configuração do Ambiente

Aprender a configurar o ambiente de desenvolvimento no Windows, macOS e Linux foi um passo essencial para começar a trabalhar com WebAssembly, mostrando sua versatilidade e compatibilidade multiplataforma.

Capítulo 4: Primeiros Passos com WebAssembly

Criar e entender a estrutura de um programa "Hello, World!" em WebAssembly foi fundamental para mergulhar na prática, permitindo a familiarização com os fundamentos da criação e execução de módulos.

Capítulo 5: Tipos e Estruturas de Dados no WebAssembly

O aprendizado sobre os tipos primitivos suportados e a

manipulação de dados complexos forneceu as bases para construir módulos eficientes e bem estruturados.

Capítulo 6: Interação entre WebAssembly e JavaScript
Compreender como WebAssembly se comunica com JavaScript ampliou as possibilidades de integração, destacando a sinergia entre essas tecnologias para criar aplicações ricas.

Capítulo 7: Gerenciamento de Memória
Dominar a alocação e manipulação de memória foi crucial para garantir que módulos fossem eficientes e livres de erros, destacando a importância de práticas seguras no desenvolvimento.

Capítulo 8: Compilação de C/C++ para WebAssembly
A prática de compilar código C/C++ para WebAssembly mostrou como reutilizar bibliotecas existentes, oferecendo flexibilidade para migrar soluções de outras plataformas.

Capítulo 9: Uso de WebAssembly com Outras Linguagens
A integração com linguagens como Rust e Go revelou o poder do WebAssembly em unificar ecossistemas diversos, permitindo que desenvolvedores aproveitem o melhor de cada linguagem.

Capítulo 10: Desempenho e Benchmarking
Comparar o desempenho entre WebAssembly e JavaScript destacou as vantagens do primeiro em tarefas intensivas, além de apresentar ferramentas para análise e otimização.

Capítulo 11: Desenvolvimento de Aplicações Web
Explorar frameworks e bibliotecas úteis para WebAssembly no desenvolvimento de aplicações web expandiu as possibilidades

criativas, permitindo a construção de soluções interativas e de alto desempenho.

Capítulo 12: Trabalhando com WebAssembly para Aplicativos Móveis

O uso do WebAssembly no desenvolvimento cross-platform para Android e iOS demonstrou sua capacidade de atender a diferentes dispositivos com eficiência e consistência.

Capítulo 13: WebAssembly em Ambientes Server-Side

A aplicação de WebAssembly em servidores usando Node.js revelou sua capacidade de substituir ou complementar soluções tradicionais, aumentando a eficiência e a segurança.

Capítulo 14: WebAssembly e Computação Paralela

Aprender sobre threads e processamento paralelo mostrou como o WebAssembly pode lidar com tarefas de alto desempenho, destacando seu uso em áreas como renderização gráfica e cálculos científicos.

Capítulo 15: Segurança no WebAssembly

Identificar vulnerabilidades comuns e aplicar práticas recomendadas reforçou a importância de segurança no desenvolvimento de módulos, garantindo soluções confiáveis e robustas.

Capítulo 16: Depuração e Testes

Ferramentas modernas de depuração e estratégias de teste foram essenciais para criar módulos confiáveis, destacando a importância de validação contínua em projetos.

Capítulo 17: Frameworks Populares com Suporte a

WebAssembly

Explorar frameworks como Blazor e Wasmtime demonstrou como o WebAssembly pode ser utilizado para construir aplicações modernas e inovadoras, desde interfaces web até runtimes server-side.

Capítulo 18: Integração com Tecnologias Emergentes

A integração com áreas como inteligência artificial mostrou como o WebAssembly está liderando o avanço em tecnologias emergentes, oferecendo soluções para problemas complexos.

Capítulo 19: WebAssembly no Contexto Empresarial

Estudos de caso reais destacaram o impacto positivo do WebAssembly em empresas, desde a migração de aplicativos desktop para web até a otimização de sistemas de recomendação.

Capítulo 20: O Futuro do WebAssembly

Refletir sobre os padrões emergentes e os avanços tecnológicos reforçou a importância de acompanhar as evoluções do WebAssembly, preparando-se para suas próximas aplicações.

Capítulo 21: Projetos Reais: Estudos de Caso

Os estudos de caso detalhados demonstraram como o WebAssembly pode ser aplicado em projetos práticos, inspirando novas ideias e soluções criativas.

Capítulo 22: Ferramentas Avançadas para Desenvolvimento

Explorar ferramentas além do básico ampliou as possibilidades de desenvolvimento, desde otimização até automação de pipelines de produção.

Capítulo 23: Comunidade e Recursos de WebAssembly

A participação na comunidade WebAssembly e o uso de recursos disponíveis mostraram-se fundamentais para aprendizado contínuo e colaboração em projetos open source.

Capítulo 24: Práticas Recomendadas para Profissionais

Dicas práticas para desenvolver módulos escaláveis e robustos, combinadas com preparação para certificações, destacaram a importância de seguir padrões elevados no desenvolvimento.

Chegar até aqui não é apenas uma conquista para você, mas também uma honra para mim como autor. Ao longo desta jornada, exploramos juntos uma tecnologia que está moldando o futuro da computação. Meu sincero agradecimento por investir seu tempo e dedicação neste manual.

Espero que este conteúdo inspire sua criatividade, amplie seus horizontes e sirva como uma base sólida para seus projetos e sua carreira. A tecnologia é uma ferramenta poderosa, e o WebAssembly é prova disso. Que você continue explorando, aprendendo e inovando. Obrigado por compartilhar essa jornada comigo.

Cordialmente,
Diego Rodrigues & Equipe!